"十二五"职业教育国家规划教材
经全国职业教育教材审定委员会审定
财政部规划中等职业学校财经商贸类教材

连锁经营基础

何冯虚　主编

中国财政经济出版社

图书在版编目（CIP）数据

连锁经营基础／何冯虚主编．—北京：中国财政经济出版社，2015.5
“十二五”职业教育国家规划教材　财政部规划中等职业学校财经商贸类教材
ISBN 978-7-5095-5891-1

Ⅰ.①连…　Ⅱ.①何…　Ⅲ.①连锁经营-中等专业学校-教材　Ⅳ.①F717.6

中国版本图书馆 CIP 数据核字（2014）第 285883 号

责任编辑：樊　闽　　责任校对：胡永立
封面设计：汪俊宇　　版式设计：董生平

中国财政经济出版社 出版
URL：http：//www.cfeph.cn
E-mail：cfeph@cfeph.cn

社址：北京市海淀区阜成路甲 28 号　邮政编码：100142
营销中心电话：88190406　北京财经书店电话：64033436　84041336
北京财经印刷厂印刷　各地新华书店经销
787×1092 毫米　16 开　9 印张　212 000 字
2015 年 7 月第 1 版　2015 年 7 月北京第 1 次印刷
定价：22.00 元
ISBN 978-7-5095-5891-1/F·4754
（图书出现印装问题，本社负责调换）
质量投诉电话：88190744
反盗版举报热线：88190492　88190446

编写 说明

本书是“十二五”职业教育国家规划教材、财政部规划教材，经全国职业教育教材审定委员会审定，作为全国中等职业学校财经商贸类专业教材使用。

随着我国经济的快速发展，连锁经营企业对人才的素质要求越来越高，因此，为进一步推动连锁经营与管理专业教学内容的改革，适应连锁经营企业的岗位能力要求，探索新的教学内容与形式，我们编写了《连锁经营基础》一书，在职业教育教学及教学改革中以供参考和借鉴。

《连锁经营基础》一书的主要特点是：

1. 教材内容按连锁经营基础能力分类编写，与现实结合紧密，更贴近企业培养人才的实际要求。全书内容共分六个项目，具体包括：认知连锁经营、连锁经营业态、连锁经营的组织结构、连锁经营的基本模式、连锁经营战略、连锁经营管理系统等内容。

2. 突出教材的职业特点，强调与学习情境结合，讲练结合，并在编写结构上由浅入深，力求方便教师授课和学生学习。

3. 编写体例上，突出背景（情境）、学习目标、基础知识、学习资源、训练的融合，尽最大可能便利教学。

连锁经营基础教学与实训课时参考表

序号	教学与实训内容	课时	说明
项目一	认知连锁经营	10	讲练结合
项目二	连锁经营业态	12	讲练结合
项目三	连锁经营的组织结构	10	讲练结合
项目四	连锁经营的基本模式	12	讲练结合
项目五	连锁经营战略	10	讲练结合
项目六	连锁经营管理系统	10	讲练结合
合计		64	
备注	可以根据教学具体情况调整课时，或减少实训项目。		

本书由北京商贸学校何冯虚任主编。参加本书编写的人员有：山东济南商贸学校姚丽（项目一）；四川宜宾职中杨斌（项目二）；北京商贸学校赵龙祥（项目三）；北京商贸学校杨淑云（项目四、项目五）；武汉财政学校沈黎（项目六）。

中国连锁经营协会以及相关连锁企业为本书提供了资料，在此一并表示衷心的感谢。

本书是连锁经营与管理专业核心课的教材，既可作为中职学校连锁经营与管理专业学生教学与实训之用，也可作为连锁经营干部的培训用书；既可单独使用，也可与连锁经营与管理专业其他系列教材配套使用。

本书为用书学校任课老师提供了电子课件和书后习题答案，如有需要，请登录中国财经教育网（cjjc. cfeph. cn 或 www. zgcjjy. com）下载。

限于编者水平，书中难免存在疏漏和不妥之处，恳请广大读者予以批评指正。

编　者

2015 年 4 月

目　录

项目一
1 认知连锁经营

连锁经营产生于美国。由于连锁经营的发展不受国家和地区的限制、不受民族和文化传统的限制、不受行业的限制、不受零售业业态的限制，所以一经出现便很快传遍了世界，在一切具备条件的地方和领域都出现了连锁经营。美国是连锁经营的鼻祖，也是世界上连锁业最发达的国家。连锁商店（chain store）是美国创用词，而后在美国发展成了一种强有力的商业组织形式。连锁商店意指同一经营者开的一批具有相同经营内容和同名称的商店，后来统指由四家以上的零售商店组织在一起，同受一个中心组织管理，统筹进货，商店内外装潢、商品种类以及服务方式具有同一风格的经营组织。

本项目主要针对连锁经营的诞生、连锁经营的特点、连锁经营的发展进行描述。

任务 1
连锁经营的诞生

一、背景

19 世纪初至 19 世纪 60 年代，美国国内市场形成了以大西洋海岸、五大湖、密西西比河为三边，以纽约、新奥尔良、芝加哥为三个顶点的“三角形”贸易系统，美国经济的商品化、专业化程度大大提高。美国国内工业的发展使生产的成本降低，产品的供给规模大增，从而要求商品的流通规模扩大，以适应生产与消费的规模化。从组织形式上讲，大规模生产体制的确立和市场的急速扩大，要求衔接生产与消费的流通业，能够像工业一样，通过专业化的分工，达到规模化经营，实现规模效益。连锁经营的发展，正是顺应了生产能力提高、产品不断丰富的趋势，把现代化大工业、大生产的组织原则应用于商品流通领域，达到提高协调运作能力和规模效益的目的。连锁经营的成功，就在于它较为完善地解决了流通中的规模与灵活、效率与方便之间的矛盾。

星巴克连锁店

哈根达斯连锁店

广阔的市场空间与商业机会诱导了当时的美国商业企业，以不断发展分店的形式来达到商业扩张的目的，同时，不断增强的品牌意识使商业企业在发展分店时，按照“克隆”同一种商号，同一种经营模式，来达到减少市场投资的风险，提高扩张分店的成功率。这样，连锁经营的产生就从偶然到必然、从不成熟到成熟、从小规模到大规模发展起来。

二、学习目标

1. 了解直营连锁、特许连锁和自由连锁是如何诞生的。
2. 理解美国连锁经营产生的背景。
3. 了解中国连锁诞生的基本情况。

三、基础知识

（一）世界第一家直营连锁店的诞生

1859 年，美国诞生了世界第一家具有规模的连锁商店，它是由乔治·吉尔曼和乔治·亨廷顿·哈特福德二人在纽约创建的“大美国茶叶公司”。店面很小，但因他们不经过中间商，直接从中国和日本大量进口茶叶，所以售价极低，仅 30 美分/磅，而其他店卖 1 美元/磅。因此他们很快就获得了成功，1860 年便开了第二家店。“大美国茶叶公司”建立分店的目的是减少中间商的盘剥，自己集中购买，分散销售，这种连锁经营方式非常有效。到 1865 年，公司已有了 25 家分店，在纽约百老汇和华尔街一带，全部经销茶叶。茶叶销售的成功使他们充满了信心，决定增加经营其他食品杂货，如调料、咖啡、肥皂、发酵粉等。1869 年，公司更名为“大西洋和太平洋大茶叶公司”（简称 A&P 公司），反映了公司打算通过连锁将两大洋联接起来，就像“联合太平洋铁路”所完成的伟业一样。于是，公司开始迅速向西向南拓展，1880 年达到 100 家分店，经营地区从圣保罗、明尼苏达到诺福克、弗吉尼亚。1900 年，经营地域已横跨太平洋和大西洋之间的整个北美大陆，经营范围也有了进一步的扩大，除了茶叶，还经营包括了咖啡、可可茶、糖、各种浓缩汁和发酵粉等商品，销售额达到 560 万美元。1912 年，公司分店达到了近 500 家。此时，在公司创办人的儿子约翰·哈特福德领导下，“大西洋和太平洋大茶叶公司”计划大规模发展，办一个人经营的经济店，约翰首先投资 3000 美元进行办店实验，开了一家销价低廉、现金交易、不赊购、货物自选不送货的商店，店铺面积不大，但整洁卫生，此种经营方式大受欢迎。公司按照这种模式进行了复制，以每年近100家的速度扩张，至1930年，公司下属连锁商店达到了15709家的顶峰，销售额也超过10亿美元，占到当时全美食品销售量的10%左右。

大西洋和太平洋大茶叶公司股票

2010年12月美国连锁店A&p正式申请破产

这家茶叶公司就以同一资本开办门店，进行连锁，其形式被称为直营连锁。直营连锁又称正规连锁，是世界上最早出现的连锁形式，也是连锁经营的基本形态。它是指连锁公司的店铺均由公司总部全资或控股开设，在总部的直接领导下统一经营。总部对各店铺实施人、财、物及商流、物流、信息流等方面的统一经营。因此，“大美国茶叶公司”是世界上第一家直营连锁商店。

（二）世界第一家特许连锁店的诞生

如果说1859年的大美国茶叶公司开创了直营连锁的先例，那么1865年的“胜家缝纫机公司”则是开辟了连锁经营经济的新天地——特许连锁店。

南北战争结束后，美国国内统一市场形成，商业获得了空前的繁荣，国内消费商品数量急剧上升，从而对美国的零售业提出了更高的要求。当时，“胜家缝纫机公司”生产的产品属于国内领先新产品，市场上的消费者对产品的性能认识不足，使得“胜家缝纫机公司”在推销新产品的过程中困难重重。为了迅速打开销路，摆脱困境，在1965年，美国“胜家缝纫机公司”开始采用“特许经营”分销网络的方式进行产品销售，在全美各地设置有销售权的特约经销店，凭借其产品特许经营权，把一批商店组织起来，这就是世界第一家特许连锁店。采用特许经营方式以后，“胜家缝纫机公司”的产品迅速被消费者所接受，产品销售额连年大幅度上升，很快占领了国内市场，成为该行业的领导者。从此，特许经营为广大美国企业看好并纷纷效仿。

特许经营是特许人将自己拥有的商标、商号、产品、专利和专有技术、经营模式等以特许经营合同的形式授予受许人使用，受许人按合同规定，在特许人统一的业务模式下从事经营活动，并向特许人支付相应的费用。因此，“胜家缝纫机公司”是世界第一家特许连锁的商店。（百度文库：特许经营的优势与风险分析。http：//wenku. baidu. com）

（三）世界第一家自由连锁店的诞生

直营和特许连锁店的发展，在造就了一些规模庞大、实力雄厚的大型连锁企业的同时，

胜家缝纫机特约经销店

也使众多分散、独立经营的零售商受到排挤，陷入困境。为了对抗正规连锁商店和大型百货商店的垄断排斥，1887 年美国 130 多家独立的食品零售商自愿联合，共同投资开办了一个共同进货的食品批发公司，实行联购分销，统一管理，各成员企业仍然彼此独立，成为美国第一家自由连锁店。自由连锁是中小零售企业联合对抗大型零售商业垄断而产生的经营形式，经过几十年的不懈竞争，到 1955 年，自由连锁在美国的销售额终于超过了正规连锁。

自由连锁是各加盟店在保留单个资本所有权的基础上实行联合，总部同加盟店之间是协商、服务关系。集中订货和统一送货，统一制定销售战略，统一使用物流及信息设施。各加盟店不仅独立核算、自负盈亏、人事自主，而且在经营品种、经营方式、经营策略上也有很大的自主权，但要按销售额或毛利的一定比例向总部上交加盟金及指导费。总部经营的利润，也要部分返还各加盟店。因此，1887 年美国这个食品批发公司是世界第一家真正意义上的自由连锁店。

（四）中国连锁店的诞生

1984 年 8 月首家以商标特许形式在北京落户的皮尔・卡丹专卖店的开业，被视为中国连锁经营的开端。1986 年天津立达集团公司创办天津立达国际商场，并在国内外组建连锁商店，这也许称得上是我国最早的正规连锁店，从此也揭开了我国本土连锁店发展的序幕。

1978年皮尔·卡丹第一次来到中国

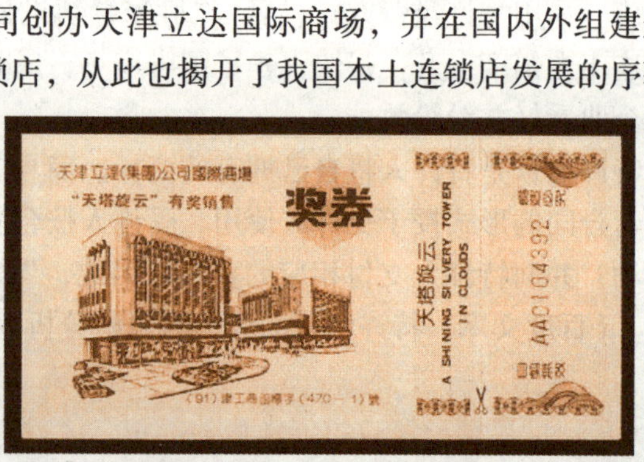

天津立达集团有奖销售的奖券

东北的木兰连锁店也在20世纪80年代后期踏上了创业发展之路，在东北地区的大中城市中均已有其分店。1987年，木兰集团旗下的“沈阳木兰家电连锁”是国内最早的家电连锁销售的企业，在90年代初，该集团最鼎盛时期，木兰集团在国内开了二百多家家电连锁商店。

1987年，“肯德基”首家连锁店落户中国，1990年“麦当劳”连锁店也开始在我国遍地开花。同年，东莞市糖酒集团美佳超市在虎门镇开设了第一家“美佳食品连锁店”，两年内连锁店增加到18家，销售额突破7000万元，一时声名鹊起。美佳凭借其连锁经营，统一规范管理，确立了在东莞乃至全国连锁业的整体优势地位。随后连锁店作为一种企业组织形式在我国发展迅猛，尤其是以食品、零售、餐饮业等行业最具代表性，继而连锁经营被不断地应用于各个领域。

（五）连锁经营产生的因素

1. 社会化大生产的发展。连锁经营的产生是生产力发展到一定水平时，社会化大生产对社会化大流通提出的客观要求。其主要表现为消费品的生产方式发生变化。工场手工业转变为机器大工业，产品数量猛增，品种增多，质量提高。流水线生产方式实现了工业生产的大转变，更高的生产率带来利益丰富的产品。大规模生产必定要与大规模的流通、大规模的消费相结合，连锁店就是产生于社会化大生产的背景之下。

2. 市场制度的变化。美国由卖方市场转入买方市场。买方市场的出现呼唤零售企业以更为便捷有效的方式为消费者服务，促进大量消费，而连锁经营正是适应了这一要求。当时美国社会稳定、市场有序，市场的扩大以及贸易量的增加对流通业提出新的要求。大规模生产要求商业的规模也相应地扩大，工厂制度的建立和市场的急速扩大，迫切要求建立专业的营销队伍，并通过专业化管理来获取更高的经济效益，而连锁恰恰能够满足这些要求，为消费者提供了一个统一有序的市场。

3. 消费水平的提高。当时美国人口不断增加，购买力越来越集中。农村人口大量流入城市，推动城市化进程，购买力向城市集中，为连锁网点扩张提供了可能和方便。随着人们工作节奏的加快以及收入水平的提高，消费者希望购物更加方便、廉价和可靠。因此具有一定消费水平的人口是连锁店的市场保证。

4. 各种技术的进步。交通技术的进步为连锁店在广阔地域内的货物运输、人员往来提供了可靠保证，大大推动连锁店的发展；通讯技术的迅速发展为连锁店传递信息、实行远程控制、决策提供了保证；信息技术的进步对信息的收集、传递、分析提供了有效的支持，不断推动连锁店的发展。当时，美国基本上完成了全国范围内的铁路网建设，随后又建成全国范围内的通讯网络，这些为连锁经营的产生和发展创造了良好的外部环境和必要条件。

5. 品牌意识的建立。美国商标保护法规的初步建立和消费者品牌意识的形成，为广大消费者认知和接受以连锁商号为代表的某些规范化、模式化的商业经营方式和服务质量，打下了思想意识基础。

四、学习资源

1. 中国连锁经营协会官网。
2. 《中国连锁》杂志。

五、训练

（一）名词解释

1. 连锁商店
2. 直营连锁
3. 特许经营
4. 自由连锁

（二）单项选择题

1. 世界上最早的连锁经营形式是（　　）。
   A. 直营连锁　　B. 自由连锁
   C. 特许连锁　　D. 加盟连锁
2. 世界上第一家直营连锁店是（　　）。
   A. 大西洋与太平洋茶叶公司　　B. 大西洋茶叶公司
   C. 胜家缝纫机公司　　D. 沃尔玛连锁店
3. 世界上第一家特许连锁店是（　　）。
   A. 大西洋与太平洋茶叶公司　　B. 胜家缝纫机公司
   C. 日本“不二家”西点糕饼店　　D. 肯德基
4. 世界上第一家自由连锁店是（　　）。
   A. 大西洋与太平洋茶叶公司　　B. 胜家缝纫机公司
   C. 美佳食品连锁店　　D. 美国食品批发公司
5. 被视为中国连锁经营的开端的标志是（　　）。
   A. 美佳食品连锁店　　B. 沈阳木兰家电连锁
   C. 皮尔·卡丹专卖店的开业　　D. “肯德基”首家连锁店落户中国
6. 我国最早具有现代特征的正规连锁店是（　　）。
   A. 美佳食品连锁店　　B. 沈阳木兰家电连锁
   C. 皮尔·卡丹专卖店的开业　　D. 天津立达国际商场
7. 连锁公司的店铺均由公司总部全资或控股开设，在总部的直接领导下统一经营的（　　）。
   A. 自由连锁　　B. 特许连锁
   C. 正规连锁　　D. 超级市场

（三）多项选择题

1. 连锁经营产生于美国，连锁经营的发展不受哪些方面的限制（　　）。
   A. 不受国家和地区的限制　　B. 不受民族和文化传统的限制
   C. 不受行业的限制　　D. 不受零售业业态的限制
2. 连锁经营产生的因素，包括哪几个方面（　　）。
   A. 各种技术的进步　　B. 社会化大生产的发展

C. 市场制度的变化　　D. 品牌意识的建立
E. 消费水平的提高

3. 美国为连锁经营的产生和发展创造了良好的外部环境和必要条件是(　　)。
A. 铁路网建设　　B. 通讯网络
C. 商标保护法规　　D. 品牌意识

4. 各加盟店在哪些方面具有很大的自主权(　　)。
A. 经营品种　　B. 经营方式
C. 经营策略　　D. 自负盈亏

(四) 判断题

1. 世界上第一家特许连锁的鼻祖是大西洋与太平洋茶叶公司。(　　)
2. 早在公元前200年的西汉时期，一位名字叫做娄开师（音译）的中国商人就拥有多家店铺，这称得上是连锁经营的最早萌芽。(　　)
3. 连锁商店首先出现在大零售商尚未完全建立起来的那些行业和部门，如杂货业、药品业和家具业。(　　)
4. 连锁商店在地区分布上大多分布在大城市的中心和乡村地区。(　　)
5. 1859年美国诞生了世界第一家具有规模的连锁商店，它是由乔治·吉尔曼和乔治·亨廷顿·哈特福德二人在纽约创建的“大美国茶叶公司”。(　　)
6. 连锁经营的成功，就在于它较为完善地解决了流通中的规模与灵活、效率与方便之间的矛盾。(　　)
7. 特许连锁是中小零售企业联合对抗大型零售商业垄断而产生的经营形式。(　　)
8. 具有一定消费水平的人口是连锁店的市场保证。(　　)
9. 各加盟店不需要按销售额或毛利的一定比例向总部上交加盟金及指导费。(　　)

(五) 简答题

1. 连锁经营产生的因素有哪些?
2. 简述世界上第一家直营连锁店是如何产生的?
3. 简述世界上第一家特许连锁店是如何产生的?
4. 简述世界上第一家自由连锁店是如何产生的?

任务2
连锁经营的特点

一、背景

连锁经营是一种商业组织形式和经营制度，是指经营同类商品或服务的若干个企业，以一定的形式组成一个联合体，在整体规划下进行专业化分工，并在分工基础上实施集中化管理，把独立的经营活动组合成整体的规模经营，从而实现规模效益。连锁经营一般集中在零售业、餐饮业和纯服务业等，表现为百货商店、超级市场、专业店、专卖店、便利店、仓储式商店、购物中心等业态。

连锁经营与传统商业经营有很大不同：

1. 从经营范围看。连锁经营强调统一经营，连锁分店标准化设计，有相同的商品结构和服务规模。而传统商业经营则是差别化的经营，使各个成员企业有不同的经营范围和方式，形成优势互补。

2. 从经营形式看。连锁企业采用统一进货、统一经营、统一管理，所辖店铺都执行总部统一制定的经营管理标准。而传统商业经营一般靠总部投资，各分店独立经营，没有形成统一的经营风格，不要求实行统一管理。分店具有较大的自主权和灵活性。

3. 从职能分工看。连锁商店总部和店铺在专业职能上形成明确的分工，如总部专门负责采购、营销、人事安排与经营管理活动，而各店铺则主要从事销售活动，所以店铺与总部联系十分紧密，如果脱离总部，店铺将无法独立运营。而传统商业经营则是企业集团的每个成员都是独立的法人，可以独立地从事经营活动。

4. 从管理手段看。连锁经营采用现代管理技术，借助信息技术进行精细化管理。而传统商业经营更多以个人经验管理为主，大多依靠手工操作进行粗放式管理。

5. 从组织形式看。连锁经营采用网络化的连锁组织可以快速渗透市场，最大限度地整合资源，获得规模效益。而传统商业经营仅依靠传统单体店市场辐射范围有限，难以获得规模效益。

二、学习目标

1. 掌握连锁经营的实质、基本特征和特点。
2. 理解企业进行连锁经营的目的。
3. 能根据连锁企业基本特征识别一家企业属于连锁经营还是传统商业经营。

三、基础知识

（一）连锁经营的实质

连锁经营的实质简单地说就是“连起来并且锁定”，具体来讲就是把现代化大生产原理有效应用到传统商业中去，把复杂的商业活动分解为像工业生产流水线上那样相对简单的一个一个环节，把这些环节连成一个整体，并且锁定下来，达到提高经营效率、实现规模效益的目的。

连锁经营的实质具体表现为四个方面：

1. 企业识别系统的统一性。连锁企业总部提供统一的企业形象，包括企业的建筑形式、招牌、标志、色彩装饰、形象设计、环境布置等，这些象征着该企业的整体设计和经营水准，给顾客以直观的印象。连锁店外在的和直接的形象特点，往往成为吸引顾客认识商店、商品和服务的重要因素，有利于消费者识别和认同该企业，对企业产生依赖感。

2. 商品及服务的统一性。连锁企业各门店所经营的商品都是经过总部精心策划和挑选的，是按照消费者需求做出的最佳商品组合，并不断更新换代。同时，连锁企业对所有门店的服务都要进行统一规范，使消费者到任何一家门店，都可以享受到统一的、高标准的服务，从而可以提升顾客的满意度和忠诚度。

3. 经营管理的统一性。连锁店在经营战略、经营策略上实行集中管理，即由总部统一规划，制定规范化的经营管理标准，并下达到各门店执行，各门店必须遵从总部所颁发的规章制度，一切工作要求标准化、制度化、系统化。经营管理的统一性集中体现在连锁企业的营运手册上。

4. 经营理念的统一性。连锁企业的经营理念是该企业的经营宗旨、经营哲学、价值观念、企业定位、企业文化和中长期战略等，是其经营方式、经营构想等全部经营活动的依据，也是企业全体员工观念与行为的依据。各门店在经营理念上要与总部保持一致。

这四个统一是由低到高相互衔接的，只有企业标识的统一而没有商品及服务的统一，那只是“形”似，而达不到“神”似；如果没有经营管理的统一，那就会使各门店虽然表面上相同，但各自为政，即使有些方面统一也只是暂时的；只有经营理念的统一，才会将企业的经营战略完全贯彻下去，形成连锁企业的长期经营特色，并获得长足的发展动力。

（二）企业进行连锁经营的目的

1. **优化资源配置**。连锁经营的“八个统一”是基本的要素：统一店名，统一进货，统一配送，统一价格，统一服务，统一广告，统一管理，统一核算。实现这些统一，就使商业企业在经营管理方面互相协调起来，因而有利于资源的配置，使得企业资源共享，不会出现浪费现象，既节约了费用，又提高了工作效率和效益。

2. 提高市场占有率。连锁经营要想实现规模效益，必须在分店的设置上多动脑筋，在合适的地理环境中，开设数量合适的分店，这样可以提高企业的知名度，扩大产品的销售量，从而提高产品的市场占有率。连锁经营的规模效益不容忽视，这是发展连锁经营管理必须重视的关键问题，规模效益正是连锁经营最吸引人的优势。

3. 强化企业形象。良好的企业形象可以给企业带来巨大的收益，连锁经营企业通常选择统一的建筑形式，进行统一的环境布置，采用统一的色彩装饰，设计统一的商标、广告语、吉祥物等，这种形象连锁是一种效果极佳的公众广告。企业要实现规模效益，就要在各地开设分店，不同地区的顾客，反复接受同一企业信息的刺激，久而久之，会由陌生到熟悉，再到认可，进而发生兴趣，这对于树立与强化企业形象极其有利。连锁经营企业的工作人员，统一着装，包装物上统一印刷图案，这些都能给顾客一种整洁、规范的感觉，使顾客愿意光临。而且可以通过顾客无意识的宣传，提升了企业在公众心目中的形象，为企业赢得良好的社会效益奠定了坚实的基础。

好利来连锁店店面

好利来店内环境

4. 提高竞争实力。连锁经营企业的各分店在资产和利益等方面的一致性，使得连锁企业可以根据各分店的实际情况投入适当的人力、物力、财力来实施经营战略，可以对原先独有的销售措施、广告策划、硬件设施进行不断的改革与创新，使整个连锁企业的经营管理能力始终保持在一个很高的水准上；同时，灵活的经营管理又使连锁企业的优秀管理制度、方法、经验，能迅速有效地在各连锁分店内贯彻实施，这些都大大加强了连锁企业的总体竞争力。

5. 降低经营费用。连锁经营企业以顾客自我选购、自我服务的经营方式为主，减少了售货劳动，因而雇员相对较少，节省了人工成本，节约了场地费用。在连锁超市中，商品明码标价，降低了消费者的心理成本、体力成本和时间成本。顾客可以自由挑选，节省了购物时间，在节省企业的经营成本的同时，加快了顾客的流通速度，增加了客流量。总之，连锁经营与非连锁经营在总成本费用上的差距很明显的，我们对同样数量的两种类型企业进行抽样调查显示，连锁经营企业的经营费用要比其他经营类型零售商场低。

6. 引导生产领域。连锁经营企业通过扩大规模而增加效益，企业在各处设立分店，因而对众多消费者的需求有比较全面、客观的了解。进货时，可根据顾客需求，结合市场供求来大批量进货。这样一来，连锁经营企业在市场中占有极其重要的地位，成为连接生产与需求的桥梁。生产商可根据企业进货的数量、种类等来进行生产，从而使生产与消费紧密挂钩，不致出现浪费生产资源和货物奇缺等情况。

7. 增加就业机会。连锁经营企业的低成本、高效率使得所售商品价格大幅度明显降低，等于增加了消费者的可自由支配收入，使他们能够更多地购买其他商品或服务，乃至进行其他方面的投资，从而扩大了社会总需求。从社会整体来看，必然会进一步促进社会各行业的就业人口总量的增加，增加就业机会。

8. 保护消费者利益。要做到顾客至上，不仅要了解顾客的购买行为，还要分析他们的心理，他们付款的方式，以及他们对连锁企业的满意度；要提供好的顾客服务，需要提高服务质量，对员工进行商业培训，使服务人员的素质日益提高；要营造一个良好的购物环境，连锁经营企业在管理上要日益完善，趋向于专业化、标准化、现代化、科学化，使得购物环境更加舒适、宽敞；商品质量得到保证，并且价格保持在较低的范围内，让消费者买得放心，买得舒心。连锁经营企业的种种经营措施和经营策略，都从不同角度、不同层面上保护了消费者的利益。

（三）连锁经营的基本特征

1. 标准化。连锁经营的组织形式是由众多连锁店构成的一种经营联合体，连锁形象地揭示了这一联合体中每个单位的性质是无区别的。基于这个基本特征，标准化得以广泛使用，连锁经营要求标准化操作，而标准化又促进了连锁经营的发展。由于连锁经营运作程序和运作特点，可以运用标准化来统一众多的连锁店经营服务活动，确保连锁门店的统一形象，稳定商品质量和服务质量，简化管理工作，使连锁经营不光“貌”似，而且“神”合。

连锁经营将已获得的经验和技术转化为可操作的标准化形式，并运用标准化的可传达性、可翻版性和可操作性来开展连锁经营。标准化的使用，使庞大的连锁经营机器在专业化分工基础上按设计规定的工作标准去操作。工作目标明确，操作界限清楚，以明确的工作标准克服因人而异、因店而异的复杂因素，简化了经营管理和业绩考核，为“八个统一”提供了基础保证，便于连锁公司对各个连锁分店的监控。

标准化是个体系，各连锁公司应设计适合于本企业的各项标准，标准的制定应全面周详，清晰易懂，可操作性强，并在实施运行中根据市场变化而相应调整。例如在直营连锁中，标准化体现在四个方面：

（1）形象标准化。即各分店规模、名称、标识、装修、店员服饰、营业时间、广告宣传等方面高度统一。

（2）商品标准化。即各分店在经营品种、商品质量、商品档次、商品价格、商品售后等方面保持一致。

（3）服务标准化。即各分店在部门职能、岗位职责、营业员礼仪和客户服务等方面执行统一的标准。

（4）管理标准化。即各分店在商品采购、配送、验收、陈列、促销、盘点、设备使用、安全管理和信息管理等方面实施统一标准。

2. 专业化。连锁经营把流通过程中的各种商业职能细化分解成各个相互独立的体系，并有机地组合在一起，形成一个高度集中的经营体系，实现购货、库存、配送、销售、广告、策划、培训、决策等专业分工及连锁公司和连锁店的功能分工，提高了流通领域的专业化程度，进而提高了经营效率。

由于连锁经营体系庞大，整个运行管理过程复杂，专业化的分工将各个系统及系统中各个工作要素尽可能细化，使一个复杂的运行系统细分为若干个简单的单个运行组合，使连锁经营系统像一条流水线，由每个子系统或操作人员在专业分工基础上负责每一个简单操作环节，环环相连，最终完成一个复杂的经营活动。

由于专业化程度的提高，使得各个岗位的工作简单化，使每个岗位的员工易于掌握和操作，提高了工作效率，进而降低了人工成本，简单化使专业化程度进一步提高。专业化的销售队伍，又促使销售服务水准提高，迎合了现代消费的需求。

传统的商业企业是购销合一。连锁经营则将采购和销售两种职能完全分开，实行专业分工。统一采购职能与现代化的社会生产相适应，有利于生产企业安排生产，而连锁企业在与生产企业交往中将处于有利的地位，易于购进低价格商品。分散销售，可以享受到集中进货所获得的低成本优势，取得较为灵活的市场价格战略，在与其他竞争对手竞争中取得主动。同时贴近消费者，通过近距离的促销和服务建立感情纽带，增强消费者对门店及整个连锁店系统的心理联系。

3. 规范化。连锁经营是一种商业集团经营，是连锁公司管控下若干个销售单位统一进行无差别的营销服务活动，因此，需要以规范化克服经营管理中的差别化。集中经营管理，分散销售服务，就要求连锁经营不光建立一个有效的管理体系和一套完整的管理制度，还要使公司内各子系统规范地按指令行事，要使众多的连锁店在总部的统一组织下有条不紊地开展营销，因此，规范化管理是一个非常重要的方面。连锁经营的成败原因之一在于连锁公司营运过程的专业化分工，必须按照要求规范化运行，门店选址、设计装潢、设备配置、商品陈列、人事培训、采购配送、促销宣传、会计核算、财务管理、经营方针和经营规划、经营决策等各项职能由总部承担；货物保管、设备使用、安全保卫、销售服务、商场管理、资金回笼、商业信息等职能由连锁店承担，因此连锁公司必须要求所有下属执行公司指令，规范经营活动，提高各个子系统单位运作质量和效率。

规范化行为使连锁公司系统内的各个子系统在公司管理下协调运行，减少不必要的人为管理复杂因素，使系统内各组织间正常运行，真正达到连锁经营的八个统一。

4. 信息化。连锁经营作为大流通的最具代表性的组织形式，依靠信息技术得以迅速发展起来。连锁经营运作存在着人流、物流、资金流和信息流，信息流综合反映其他三条流的动态变化，信息系统处理着各种数据信息，将复杂的数据信息统计汇总成决策者所需要的各种简单信息。庞大的连锁经营网络，每日实现的销售业务信息成千上万条，运用计算机管理，使连锁公司管理决策层随时了解繁杂的经营信息，掌握商业动态。

连锁公司运用现代信息技术及时掌握和控制各个子系统的经营动态，使连锁公司从选择供应商、订货、运输、配送、储存、上架、销售到统计、汇总、分析，从促销模拟、销售策划到业绩评比、工作考核，广泛采用计算机处理大量的商业信息和管理信息，使复杂的经营和管理事务得以迅速、快捷地处理。连锁公司将各子系统电脑运用远程通讯网络构成一个巨大的信息管理系统，利用计算机技术处理经营中各种复杂的数据，使整个经营管理处于灵敏和最佳的状态，使连锁经营这一现代化经营方式依靠信息技术成为可能。

（四）连锁经营的特点

作为一种现代化的经营模式，连锁经营与其他经营形式存在着明显的区别，具有鲜明的特点：

1. 管理的统一化。统一管理是连锁企业最基本的特点。统一管理可以让连锁企业减少管理成本，建立统一形象，建立加盟商的信心、建立品牌精神、稳定消费者选择倾向。因为只有通过各分店的联合统一，才能集中力量形成连锁企业的竞争优势。没有统一的管理，连锁企业要得到快速的发展是不可能的。所以，连锁分店必须接受总部的统一管理，实施统一营销战略和策略。

2. 经营范围广。现在，连锁已经不仅仅局限于商业、服务业等几个行业，随着全球经济一体化的到来，连锁经营已经成为经济发展和企业战略扩张的一种重要方式，渗透到了各个行业。据美国商务部的统计分类，目前连锁已经形成 19 大类，几乎包含所有零售业和服务业，共有 5 万多种。从这个意义上说，连锁的经营范围是无止境的。

3. 经营风险低。由于连锁经营所追求的是整体规模，是“小店面，大企业”，其背后又有名牌做支撑，这就形成了成功企业的延伸和发展，所以它在相当程度上避免了企业扩张的风险，可以将风险降低到最低限度。而且一些特许企业投资的风险还可以由双方共同承担。美国商务部的统计表明，独立开办公司的业主，成功率不到 20%，而加入连锁体系开办的企业，成功率高达 90%。

4. 扩展速度快。连锁经营已经形成了时代潮流的发展方向，现在各个繁华地段，城市中心及居民生活区均能看到各种不同性质的连锁店。就是因为连锁经营能够快速扩展经营组织，迅速地在任何市场中树立良好形象，门店开张速度快，成功率高，这是连锁经营发展的一个重要特点。据统计，世界 500 强中所有的零售企业都是以连锁经营为基本发展模式的，由此可以看出零售业的根本出路就是连锁经营。不仅仅在国内市场进行连锁经营，还要积极拓展国外市场，美国排名前 200 家的连锁贸易公司都是世界性连锁集团。有人预测，21 世纪将是世界范围内连锁经营的大发展、大普及、大深入的一个新世纪。

5. 价格具有竞争优势。由于企业规模大，采购数量多，中间环节少，所售商品进货价格低，价格方面竞争力强。和竞争者相比，相同售价，利润率就会提高；相同的利润率，则售价较低，可进行一些优惠措施，为消费者带来实惠。

6. 顾客忠诚度高。连锁经营容易产生定向消费信任或依赖，提升顾客忠诚度。从某种意义上讲，连锁体系中的每一家店铺在经营的同时，也分担着其他店实物广告的作用。这样，不但做了活广告，而且各店铺之间形成了统一的顾客群，因为只要在一家分店得到了满意的服务，就等于为全系统的所有商店拉住了回头客。

四、学习资源

1. MBA 智库百科。
2. 中国经济信息网。

五、训练

（一）名词解释

1. 连锁经营
2. 连锁经营的实质

（二）单项选择题

1. 连锁经营企业通常选择统一的建筑形式，进行统一的环境布置的目的是(　　)。
   A. 强化企业形象　　B. 提高竞争实力
   C. 提高市场占有率　　D. 降低经营费用
2. 连锁经营企业以顾客自我选购、自我服务的经营方式为主，是为了(　　)。
   A. 强化企业形象　　B. 提高竞争实力
   C. 提高市场占有率　　D. 降低经营费用
3. 成为吸引顾客认识商店、商品和服务的重要因素是(　　)。
   A. 最佳商品组合　　B. 连锁店外在的和直接的形象特点
   C. 企业的经营理念　　D. 企业广告
4. 由于连锁经营运作程序和运作特点，可以运用(　　)来统一众多的连锁店经营服务活动，确保连锁门店的统一形象，稳定商品质量和服务质量。

A. 标准化　　B. 专业化
C. 规范化　　D. 信息化

5. 将各个系统及系统中各个工作要素尽可能细化，使一个复杂的运行系统细分为若干个简单的单个运行组合，表现了连锁经营的(　　)。

A. 标准化　　B. 专业化
C. 规范化　　D. 信息化

6. 连锁经营的成败原因之一在于连锁公司营运过程的专业化分工，必须按照要求(　　)运行。

A. 标准化　　B. 专业化
C. 规范化　　D. 信息化

7. 只要在一家分店得到了满意的服务，就等于为全系统的所有商店拉住了回头客，这体现了连锁经营企业的(　　)特点。

A. 顾客忠诚度高　　B. 价格方面竞争力强
C. 扩展速度快　　D. 经营范围广

（三）多项选择题

1. 连锁经营的“八个统一”包括：统一店名，统一进货，统一配送，统一价格以及(　　)。

A. 统一服务　　B. 统一广告
C. 统一管理　　D. 统一核算
E. 统一着装

2. 连锁经营企业所售商品价格大幅度明显降低的原因是(　　)。

A. 低成本　　B. 高效率
C. 引导生产领域　　D. 竞争力强

3. 明码标价方便顾客的购买，降低了消费者的哪些成本(　　)。

A. 消费成本　　B. 心理成本
C. 体力成本　　D. 时间成本

4. 连锁企业的实质具体表现在哪几个方面(　　)。

A. 企业识别系统的统一性　　B. 商品及服务的统一性
C. 经营管理的统一性　　D. 经营理念的统一性

5. 连锁经营将已获得的经验和技术转化为可操作的标准化形式，并运用标准化的(　　)来开展连锁经营。

A. 可传达性　　B. 可保持性
C. 可操作性　　D. 可翻版性

6. 连锁经营的基本特征包括(　　)。

A. 标准化　　B. 专业化
C. 规范化　　D. 信息化

7. 连锁经营的特点包括(　　)。

A. 顾客忠诚度高
B. 价格具有竞争优势
C. 扩展速度快
D. 经营范围广
E. 管理的统一化
F. 经营风险低

(四) 判断题

1. 连锁经营的规模效益不容忽视，这是发展连锁经营管理必须重视的关键问题，规模效益正是连锁经营最吸引人的优势。(　　)

2. 连锁经营管理的各分店在资产和利益等方面的不一致性，使得连锁企业可以根据各分店的实际情况投入适当的人力、物力、财力来实施经营战略。(　　)

3. 只有企业标识的统一而没有商品及服务的统一，那只是“形”似，而达不到“神”似。(　　)

4. 连锁经营要求标准化操作，而标准化又促进了连锁经营的发展。(　　)

5. 连锁经营作为大流通的最具代表性的组织形式，依靠现代化的管理工具得以迅速发展和极大地提高经营效率。(　　)

6. 连锁经营运作存在着人流、物流、资金流和信息流，资金流综合反映其他三条流的动态变化。(　　)

7. 统一管理是连锁企业最基本的特点。(　　)

8. 连锁经营能够快速扩展经营组织，可以迅速地在任何市场中树立良好形象，这是连锁经营发展的一个重要特点。(　　)

(五) 简答题

1. 企业进行连锁经营的目的有哪些?
2. 在直营连锁中，标准化体现在哪几个方面?
3. 简述连锁经营的实质及其表现。
4. 简述连锁经营的专业化特征。
5. 连锁经营的特点有哪些?

任务 3
连锁经营的发展

一、背景

连锁经营是把现代化工业大生产的原理应用于商业流通领域。在 20 世纪 80 年代，连锁经营正风靡全球，在欧、美、日等经济发达国家商业领域占据了主导地位，并随着亚洲地区经济的发展，在新加坡、韩国、泰国、中国等国家的流通领域得到普及。连锁经营作为一种新的商业经营模式，掀起了零售业的革新。

当今世界，连锁经营方式虽然已在各种行业中运用，但仍处在快速发展之中，传统的零售业、餐饮业、服务业仍占据一定的主导地位。而零售业、餐饮业的繁荣，是以经济的发展为条件，以社会的稳定为前提的。

二、学习目标

1. 掌握连锁经营在中国发展的历程和发展趋势。
2. 理解美国、欧洲、日本连锁经营发展的过程。
3. 了解连锁经营发展的条件极其迅速发展的原因。

三、基础知识

（一）连锁经营迅速发展的原因

1. 连锁经营可以获得规模效益。连锁经营使零售业摆脱了传统商业形式对其获得规模效益的束缚，创造了零售业更多的获得规模效益的机会和途径。规模效益包括：单位面积和劳动时间内经营批量大、单位商品的平均经营费用低；进货批量扩大，进价下降，低价格主要取决于大批量进货，而大批量进货又主要取决于连锁店的数量。

2. 连锁经营符合零售经营的要求。规模经济是经济效益对所有经济活动的共同要求，但由于零售活动的对象是单个消费者，零售经营的分散化、单个性特征同经济效益对经济活动的要求是相矛盾的。在连锁商店出现后，把资本经营的大规模要求同零售活动的分散化、个性化特点有机地结合到一起，创造了既不违背零售经营本质要求，又能实现大规模经营的零售形式，实现了经济效益对经济活动的普遍要求与零售经营的特殊要求的有机结合。

3. 连锁经营符合现代流通的需要。在工业化过程的早期，靠百货店式的零售业态和单店经营的组织形式就可满足商品流通的需要；在工业化以后大批量生产需要大批量销售，连锁经营的出现符合现代化流通的需要，提高了企业集团化、组织化程度。

4. 连锁经营符合消费者和企业利益。西方经济学认为，在经济活动中“理性的人”遵循“以最小的代价获取最大的利益”的原则。连锁经营吸引顾客的主要优势在于低价格，符合消费者利益。企业获取最大利益不是价格单个因素决定的，而是取决于价格与销量等因素。因此企业通过连锁经营，一方面降低成本进而降低价格，促进销售，另一方面企业通过扩张，实现大量销售，从而实现利益最大化，因此连锁经营符合企业的利益。

5. 连锁经营能够实现低成本。无论哪种连锁形式，都是由总部负责采购进货，店铺负责销售卖货，改变了传统零售业那种集买、卖于一身的做法。总部专门负责进货，可以在全国甚至世界范围选择适销对路、物美价廉的商品，而且由于要管众多分店进货，商品批量大，可以从厂家得到较低的进货价格，降低成本。分店专门负责销售，可以集中精力促销并千方百计降低销售费用。同时由于总部送货，店铺用于库存的面积及库存量都很小，可以尽可能扩大销售营业面积，减少资金占压。这样，进货成本和销售成本都有所下降，连锁企业从总体上实现了低成本经营。

6. 连锁经营促进了生产发展。连锁店直接与消费者联系，能向厂家提供更及时的信息和经验，便于厂家根据销售需要来组织生产从而减少了投资风险。同时，由于连锁店承担大批量的购买，使生产过程的连续性得到保证，减少了生产费用。生产企业可以与连锁企业很好地合作，合理安排生产，节约资源，降低成本，取得利益最大化。

7. 连锁经营适于经营战略的运用。在激烈的市场竞争中，经营战略与策略的研究开发决定着企业的命运。连锁店总部由于资金雄厚、人才众多，经营策略研究成果应用于众多店铺而使得平均负担费用大力减少，从而能以单个店不可能投入的人力、物力、财力，用于研究经营战略与策略，保证企业正确的发展方向。

知识链接：

连锁经营自诞生至今，创造了服务业中一个又一个的奇迹：

1992 年美国《幸福》杂志按销售额排名的世界前 20 名零售商店，无一不是连锁商店。

今天世界上各发达国家坐零售业第一把交椅的均是连锁企业，如英国的马莎公司、美国的沃尔玛、日本的大荣、法国的家乐福等。

连锁企业无论是总营业面积、店铺总数，还是销售额、利润额，规模比同类独立店要大得多。

不管零售业怎么变化，连锁经营总能迅速适应商业发展的需要，而且伴随着商业竞争越演越烈，连锁经营的生命力越来越旺盛。

一个多世纪以来，有许多企业诞生，同时又有许多企业消失，但实行连锁经营的企业却一个个像滚雪球般发展壮大起来。

（二）连锁经营发展必须具备的条件

1. 市场竞争激烈。连锁经营是市场竞争的产物。从西方发达国家连锁经营产生及发展来看，连锁经营是在市场竞争的环境下产生，并在市场竞争越来越激烈的情况下发展的。在其出现后约 100 年的历史中，消费市场处在卖方市场。消费品供不应求，商业企业只要能够合理组织货源，及时供货，然后等顾客上门即可获得商业利润。因此这一阶段连锁经营发展缓慢。只是到了 20 世纪 50 ~ 60 年代以后，随着社会生产力的发展，人民生活水平的不断提高，社会化产品日益丰富多样，商品总供给超过了总需求，供求关系发生变化，由卖方市场转化为买方市场，此时，连锁经营才得以迅猛发展。

2. 科学技术进步。现代科技的发展是连锁经营正常运转的重要条件。连锁经营采取物流集中配送，这就需要有快捷、顺畅的交通运输基础和能力。连锁经营系统的运转，需要现代科技与先进的管理方法相结合。便捷的通讯方便了连锁系统内外部信息交流，使连锁集团能够及时顺应环境变化实行统一管理。正是由于 20 世纪 50 ~ 60 年代后，西方发达国家汽车业的发展和效能条件的改善，收款机、条形码机的出现，计算机及现代化通讯设施的发展，连锁经营才得以迅猛发展。

3. 配送中心的建立。配送中心是实行连锁经营不可缺少的设施。企业实行连锁经营的目的之一，就是通过规模经营，降低物流成本，从而节约费用，获取更大利润。配送中心汇集各连锁分店的订货，统一从生产厂家采购商品，同时根据各分店的订货要求，将商品送达目的地。统一采购和统一配送，是连锁经营的本质要求，是连锁经营发挥规模效益的关键，是连锁企业生存和发展的保证；配送中心实现统一采购、统一配送，是保证连锁经营成功的基础。各连锁商店由配送中心统一从厂家直接进货，减少了中间环节，避免了层层加价，降低了成本。配送中心还起仓储的作用，使各连锁店铺可少建或不建库房，资金用于扩大营业使用面积，从而节省储存和保管商品的费用。配送中心统一采购还有利于总部有效地管理进货渠道，避免各分店各自进货，造成进货渠道混乱；在假冒伪劣商品存在的情况下，拒假冒伪劣商品于门外。

4. 规模经营的实现。规模经营取决于两个方面：一是分店的数目。可将经营成本中用于总店管理的费用和配送中心采购、运送货物的周转费用分为固定成本和可变成本。如果分店数目过少，其固定成本分摊到各分店的数额就大，分店的经营成本就高，利润就低；如果分店数目越多，成本相对降低，实现利润就越大。因此，只要符合经营需要，分店数目越多越好。二是分店的规模。各分店的规模大小取决于分店的经营方式及连锁企业的业态。如以经营食品为主的超市连锁，各分店的规模就不宜过大；而百货商店的连锁经营，规模就不能太小；营业面积、店员数目、经营商品种类都要根据连锁经营的特点，根据管理技术、销售手段和员工服务水平作合适的安排。

5. 管理水平的提高。连锁经营企业规模庞大，将作业流程化繁为简，其标准化规章的制定就需要运用许多管理知识和先进的管理手段。因此，连锁经营不单是门店数量上的扩张，它要求连锁企业必须具备先进的管理水平。

（三）连锁经营在美国的发展

美国连锁经营的发展历史，可划分为四个阶段：

1. 创始阶段。19 世纪中后期到 20 世纪 50 年代是美国连锁经营发展的创始阶段。在这一阶段里美国连锁经营经历了产生、成长和回落三个时期。

1859 年，世界第一家连锁店出现后，随着其不断的健全，连锁经营的组织形式为大美国公司茶叶公司赢得了对单体店的竞争优势。该公司的成功也鼓励了后来者，1872 年，第二家连锁公司——约翰兄弟茶叶公司在纽约布鲁克林开业；随后的 19 世纪 80 ~ 90 年代，还有六七家茶叶和食品杂货连锁店在纽约和费城创建，其中包括成立于 1882 年的克洛格公司的前身——大西洋茶叶公司，它后来成为最大的超市连锁公司之一。另一个著名的杂货连锁店是伍尔沃思（Woolworth）。它的店非常小，19 世纪 80 年代初在宾州东南部开业，出售五金、布匹等，称“5 分 ~ 1 角”商店。到 1900 年，伍尔沃思店仍在经营廉价商品，但营业额已超过了 500 万美元。1865 年，美国胜家缝纫机公司在全美各地设置了有销售权的特约经销店。1887 年，美国 130 多家独立的食品零售商，自愿联合，共同投资开办了一个共同进货的食品批发公司，参与商实行联购分销，成为世界上第一家自由连锁店。到 1900 年，美国连锁企业已发展到了 58 家，完成了美国传统连锁经营的建立阶段。

第一次世界大战后，美国的连锁经营进入了成长期，到 20 世纪 20 年代，连锁店已遍布各地众多行业，并已有实力与其他大零售商展开竞争。据美国商务部的统计材料，连锁店的数量在 1929 年已达到约 16 万家（仅统计包含 4 家及 4 家以上分店的商家），占当时零售店总数的 10.8%。连锁经营的销售额占整个零售业销售额的比重也从 1919 年的 4% 上升到

1929 年的 25%。

1930—1950 年的 20 年间，美国的连锁经营进入了一个回落期。其主要原因是：第一，受 20 世纪 30 年代世界经济大萧条和第二次世界大战的影响；第二，在这段时期，连锁经营以“商标商品连锁”为主要形式，连锁店借用总公司的商品和商标名称进行经营，而在经营管理制度上没有统一。其后，在对这类商店进行整顿的过程中，连锁店的数量呈现削减的趋势，1949 年降至 10.5 万家，比重降为 5.9%。1930 年 8 月美国经济危机，具有几十年经营食品经验的美国人迈克尔·库伦在纽约长岛的牙买加开设了世界第一家超级市场。迈克尔·库伦根据自己的经营经验设计了低价策略，自主式的销售方式和一次性集中结算的销售形式，让超级市场在第二次世界大战后在全世界范围内迅速发展、推广。与传统的百货商店相比，超级市场具有动态自助服务、价格低廉与广告新颖等特征。其最大优点是顾客自选商品，到出口处统一付款，它构筑了商人和顾客共享的“安乐窝”，使商业营销环境的形态完善到了异常完美的程度。

2. 现代阶段。20 世纪 50 ~ 80 年代美国连锁经营获得了高速发展。其主要原因是：第一，高速公路网的建成。第二次世界大战后，美国国内高速公路网的建成，使货运方式逐步由铁路运输转向了以汽车运输为主，到 1967 年，美国载重汽车大约 200 万辆集中在零售业。20 世纪 70 年代以后，集装箱汽车已成为美国主要的运载力量，这为美国连锁经营网点的跨区域布局创造了条件。第二，计算机技术的普及。计算机技术，特别是计算机的网络系统在连锁经营企业中的广泛运用，为连锁经营管理的高效性和信息传递的及时性提供了保证。第三，各种业态的兴起。超级市场出现以后，自我服务的销售方式很快被引入连锁店，形成并扩展为遍布全美各地区、各行业的连锁超级市场、连锁大型综合超市、连锁仓储式商场、连锁折扣店等。连锁经营与各种业态的融合，促使美国连锁经营迅猛发展。在这段时期，自由连锁、特许连锁也有了一定的发展，连锁经营逐步步入成熟、规范的轨道。

3. 发展、创新阶段。20 世纪 80 年代以后，连锁经营进入一个全面开拓和渗透时期。相当于 20 世纪 30 年代以前的“传统连锁”和 20 世纪 50 年代流行的“现代熟食连锁”，20 世纪 80 年代的连锁业迈入了新的“现代连锁加盟店”的发展时代。其特点是经营手法多元化，连锁经营不再局限于零售业、餐饮业等少数传统行业，开始向非食品零售业、酒店业、不动产业、租赁业、健身美容业、商业服务业等领域渗透。这一时期，不但拓展了连锁业的领域，而且服务业的潜能得到巨大发挥，特别是针对消费者和企业的各项需求应运而生的商业服务业成为连锁业发展的生力军。

4. 科技化和国际化阶段。近十年来，伴随着通讯手段的现代化及科学技术的发展，国家与国家之间的经济往来日益密切，在全球经济一体化的浪潮中，连锁加盟也进入了一个国际化时代。在这一时期，美国连锁业凭借其雄厚的资金、先进的管理、成熟的技术，雄心勃勃地开拓海外市场。美国连锁业的国际化，不仅推动了商业经营的技术进步，而且在全世界范围内传播消费文化，这种“文化”包括了：消费时尚（连锁店创造的是一种遍布全世界的消费时尚）、平等人格（连锁店提供的是同等服务、同种商品，消费者付出的是同样价格）、现代节奏（快速服务、快速消费）、简洁明快（连锁店的外观设计、内部装潢布局等，既能不断推陈出新，又能保持赏心悦目的自然风格），推动了世界文明的发展。

（四）连锁经营在欧洲的发展

欧洲连锁经营的发展进程与美国有比较显著的差别，也必然带有浓厚的欧洲色彩。欧洲的连锁经营在形成、机制及功能方面都独具特色，它对欧洲各国生产的扩大、技术的革新及统一市场的形成起到了推动作用。

1. 欧洲连锁经营发展的特点。

（1）欧洲各国善于向美国学习而相互之间借鉴不够。这一是由美国的经济地位决定的，二是缘于美国连锁经营总是在不断创新中发展，而欧洲连锁业的发展总比美国慢一拍。

（2）欧洲主要国家连锁经营的特色并不相同。在英国，多种业态的连锁系统并存且发展迅速；连锁企业形成了巨大的销售网，其营业额、从业人员等均在整个零售业中占很大一部分。在德国，公司联号是普遍存在的商业组织形式，规模也日趋集中。德国连锁的显著特点就是薄利多销，较低的货价也容易促成大额长期合同的签订；货物脱手时间短也可以避免占用大量资金。此外，德国连锁企业十分注重缩短收付款之间的时间差，从而达到以较少资金运营较多物资商品的效果。

（3）欧洲对世界连锁的最大贡献：一是 1963 年由家乐福创建的大卖场这一购物业态；二是麦德龙集团的“未来商场”计划，引入无线射频技术（RFID），成为全球零售业技术创新的领导者。

2. 连锁经营在英国的发展。成立于 1862 年的伦敦无酵母面包公司是英国第一家连锁商店。1891 年，托马斯利吉顿在伦敦成立了一家公司经销茶叶，据记载，当时这家公司拥有商店 245 处，经销处 3800 个。1895 年成立的英国本土殖民地贸易公司以经营小商店为主业，它用不到 15 年的时间就发展了 600 个分支商店，并且每家商店都有一致的布局和统一的商品目录。

英国在 20 世纪六七十年代，连锁经营发展很快，整个零售商业是以连锁商店为主。1977 年，虽然独家零售商店有职工 293 万人，而连锁商店职工只有 151 万人，但是连锁商店的销售额占到零售业总额的 2/3。到 1984 年，拥有 10 家以上门店的大型连锁企业有 1200 家，其营业额占整个零售业的 69%，其中英国最大的连锁商店是马莎公司。英国马莎百货（Marks&Spencer）最初是 1884 年的一家“一元便利”店，直到 1915 年才发展成一家连锁零售店。在英国马莎百货成立的几十年间，它迅速成长壮大，连锁商店已经扩展到世界各地。作为世界上最为成功的以百货商店为主要业态的连锁公司，马莎公司迄今为止在全球 40 个国家和地区共经营着 700 多家全资或特许经营方式开设的分店，且保持有相对稳定的销售业绩和发展力度。马莎百货连锁店只出售马莎和圣米高两个自有品牌的商品，精简商品结构，依照价格策略和品质策略为顾客提供他们有能力购买的高品质商品，即在品质同样优秀的产品中，圣米高牌产品是最低价的；在相同价格的情况下，圣米高产品的品质肯定是最优秀的（海报时尚网 Marks & Spencer 主页，http：//brands. haibao. com/brand/3664/）。

3. 连锁经营在德国的发展。德国最大的连锁商业集团是成立于 1920 年的卡尔斯塔特百货公司（Karstadt），在全国有 186 家门店。

阿尔迪（Aldi）是德国最大的以经营食品为主的连锁折扣超市，AL 是阿尔布莱希特

（Albrecht）的缩写，而 DI 是 Discount（折扣）的缩写，意为阿氏家族的折扣商店，它的所有者是阿尔布莱希特兄弟。1946 年，阿尔布莱希特兄弟从盟军战俘营被释放后回到家乡，接管了家族在德国埃森市郊矿区开办的 100 平方米的食品零售店。到 1950 年，他们就成功扩张到了 13 家连锁店。1962 年第一家真正意义上的阿尔迪折扣超市才在德国多特蒙德开业（百度文库：德国阿尔迪（Aldi）成功启示录，http：//wenku. baidu. com）。

阿尔迪折扣超市

德国最大的连锁超市麦德龙是 1964 年由奥托·拜斯海姆（Otto Beisheim）创建的。在全球 33 个国家中经营现购自运制（Cash and Carry，C&C）商场、大型百货商场、超大型超市折扣连锁店、专卖店等。是德国最大、欧洲第二、世界第三的零售批发超市集团，在麦德龙和万客隆（仅限欧洲）品牌旗下拥有多家麦德龙现购自运商场，是世界 500 强之一，分店遍布 33 个国家和地区。2010 年，集团已在全球拥有超过 2100 家门店。目前年营业额高达 500 多亿欧元，员工超过 25 万人。

麦德龙是世界第一的现购自运制商业集团。1964 年，OttoBeisheim 博士教授在德国成立了第一家针对专业顾客的麦德龙现购自运有限公司，1971 年第一家海外商场开业。现购自运的麦德龙集团是全球批发市场的领头羊，拥有麦德龙和万客隆品牌下的多家麦德龙现购自运商场。“现购自运”是指专业顾客在仓储式商场内自选商品，以现金支付并取走商品。与传统的送货批发相比，现购自运的优势在于较好的性价比，食品和非食品分类范围广，即时获得商品，更长的营业时间。商场提供 17000 种以上食品，30000 种以上的非食品，特别是在生鲜食品的供应上，包括水果、蔬菜、活鱼、肉制品、奶制品等。麦德龙现购自运的目标顾客包括餐饮业、酒店业、食品、非食品贸易服务商以及机构采购，他们可以找到大包装以满足特殊需求。

麦德龙的做事方式与我们平常见到的其他连锁业态的跨国企业相比，显得特立独行，它的仓储式超市是将超市和仓储合二为一的零售业态，省掉了传统零售企业独立的仓库和配送中心，经营中实现了快速补货，保证了超市低成本高效率的运作〔麦德龙集团（Metro Group，METRO）——全球最大的现付自运制的商业连锁公司，http：//zhan. renren. com/h5/entry13602888497997755270〕。

4. 连锁经营在法国的发展。法国连锁业是继英国之后，欧洲连锁业的又一巨头。法国连锁业从结构上看主要有两大特色，一是中小型连锁店居多，二是大型连锁店在总营业额中

麦德龙仓储式超市

占较大的比重。1989 年法国营业额在 10 亿法郎以上的只有 27 个连锁体系，但其营业额占全法国连锁业总营业额的 63.1%。

法国的拉法耶特（又称为“法国老佛爷百货集团”）是创建于 1895 年的欧洲第一百货店。1984 年拉法耶特开始兼并联合、连锁经营的集团化发展战略，旗下的拉法耶特商场达 60 家。拉法耶特百货旗舰店占据巴黎市中心最繁华的商业地带，拥有全球最大的香水化妆品部、欧洲最大的男装商场，10 万商品目录单、1500 多个著名品牌、150 个名牌专卖店。拉法耶特百货定位在“高品位的时尚和最新的潮流”上，通过提供大量专有的、高质量的时尚商品，竭力刺激消费者的购买欲望（法国旅游网：活在当下的百年老店——法国老佛爷百货公司，http：//france. bytravel. cn/Scenery/561/hzdxdpnldfglfybhgs. html）。

老佛爷百货公司（法语：Galeries Lafayette）

家乐福（Carrefour）成立于 1959 年，大卖场业态的首创者，是欧洲第一大零售商，世界第二大国际化零售连锁集团。家乐福于 1963 年在法国开设了世界上第一家大型超市，于 1969 年开始进入国际市场，在世界上 31 个国家和地区拥有一万多家销售网点，涉及的零售业态包括大卖场、超级市场、折扣店、便利店、仓储式商店等（百度百科：http：//baike. baidu. com/view/18119. htm？fr = aladdin）。

（五）连锁经营在日本的发展

日本的连锁经营是从 20 世纪 20 年代末从欧美引进的，经过 70 多年的发展，达到鼎盛阶段，已成为世界连锁经营的第二大国。1929 年日本成立了“大东京洋品商联盟”，是日本最早的连锁店雏形。之后相继出现了大东京文具连锁、大东京瓷品连锁、大东京鞋业连锁店联盟以及和服共同进货联盟等。30 年代，日本的连锁店发展到 30 家。但是日本连锁经营在 60 年代以前一直发展缓慢，从 60 年代末起才随着日本经济和物流业的大力发展而进入了黄金发展时期。日本成长最快的零售连锁企业是大荣，该公司创建于 1957 年，在日本千林火车站开业的大荣店被认为是日本超市的前身，之后大荣迅速在全国增开店铺，并从经营药品逐步发展到食品、百货、服装、电器等商品领域，逐步发展为大型综合超市。大荣以超市连锁店起家，最顶峰时拥有 8700 多家分店。跨国实施连锁经营最早、也是最成功的是八佰伴，伊藤洋华堂则是实行多业态连锁的混合集团，拥有 26000 多家分店，三越为长期主导日本百货的大百货连锁公司。日本零售连锁企业创造了日本连锁业成长的奇迹，渗透到零售、餐饮、服务等各个领域，在很大程度上已经控制了零售业，覆盖了大多数的消费层面。

日本连锁的发展，从业态上讲可分成三个系统，即百货店、超级市场和便利店。在日本，规模大、历史长的连锁店是百货连锁店。超级市场在日本已有 50 多年的发展史，而连锁超市成规模、成气候地发展只有 40 多年的历史。日本超级市场的发展从综合性超市起步，以后又分离出专业性超市。目前日本的连锁店已进入改造、发展阶段，新的规模化的标准连锁店正在不断开设，这种新的连锁店严格按标准化、规模化的原则设店。改造阶段中，发展最快的业态是便利店，如伊藤洋华堂的 7－11，大荣的 Lawson，西友的 Fami Lymart 和 Sunkus 公司等，全日本目前有 48000 家便利店。

伊藤洋华堂的7—11便利店

大荣的Lawson便利店

（六）连锁经营在中国的发展

1. 连锁经营在中国的发展历程。20 世纪 80 年代中期，“连锁经营”这个名词，不仅对于消费者是陌生的，即便是经营者知晓的也不多。然而，随着肯德基和麦当劳等国际快餐大腕进入中国市场；以及 90 年代初，广东东莞糖酒公司在虎门镇开办了全国第一家连锁超市之后，便在国内遍地开花，由此中国连锁经营的大幕徐徐拉开了。仅仅十几年的时间，从沿海到内地，从大城市到中等城市和乡镇，连锁经营取得了超乎想象的发展。至今连锁经营在中国已有二十多年的发展时间，经历了三个明显的阶段：

（1）初始期（20世纪80年代末至90年代初）。国内市场疲软，销售不畅，商业企业为了求生存、求发展，借鉴国外规模效益的经验，开始探索连锁商业的方式，企业自发地按照连锁方式进行经营运作。1986年天津立达集团公司创办天津立达国际商场，并在国内外组建连锁商店，这也许称得上是我国最早的正规连锁店。于1987年最早进入中国的肯德基，是第一个在中国发展特许经营的国际公司。随后，麦当劳、比萨饼等快餐店，鳄鱼、金利来、梦特娇等服装店，富士、柯达、柯尼卡等洗相店也蜂拥而至。不久，中国本土企业也于90年代初相继接纳这种当今世界最流行的销售方式。李宁公司初创时，产品销售步履维艰，但从特许经营中找到灵感，在各大中城市开设了李宁专卖店，由此一举打开了市场，登上中国最有影响的体育用品公司的宝座。这是特许经营在中国创造的第一个神话。1985年，上海掀起了“超市热”，先后开设了“杨浦环球自选商场”、“南洋桥粮食局自选商场”和“天山菜场自选商场”等，但由于各种主、客观的原因，很快就歇业了。直到1991年，上海联华才开设了我国第一家真正意义上的超级市场，90年代中期超市发展热席卷全国。

1987年前门肯德基开业场景

（2）成长期（1995—2010年）。1993年国家正式提出要把发展连锁经营作为带有方向性的一项流通体制改革。由于政府的强力推动与企业市场化内在发展需求相结合，我国连锁业快速步入成长期，每年以40%左右的速度扩张，仅用10多年的时间就基本完成了欧美历经百年的零售业革命。随着众多的国际大企业闯入中国市场，连锁经营方式猛烈地冲击着传统的流通体系。连锁经营的领域也由最初的零售行业开始向服务业拓展，超市、便民店、各类品牌专卖店、专业连锁店等作为新的购物形式，已受到消费者的普遍认同，并日益深入百姓生活。中国大力发展连锁经营的时机不断成熟，中国是世界上最大、最富有潜力的连锁经营市场。

据统计，到2001年底，全国连锁企业已有1124家，店铺数2.2万个，零售总额1549亿元，连锁商业零售额占社会消费品零售总额的比重从1993年的0.7%上升到目前的4.1%。世界著名跨国商业连锁巨头沃尔玛、家乐福、普尔斯马特、麦德龙等纷纷进入中国市场，在华设立仓储式商场、连锁超市等，推进了中国流通现代化的发展。据统计，到2001年，经国家批准设立的外商投资商业企业实际对华投资达到30多亿美元，全球50家最大的零售商已有半数进入中国市场。其他外资连锁零售企业也纷纷来华投资，其中包括好又多、万客隆、大润发、吉之岛、乐购、易初莲花、伊藤洋华堂等。尽管实力雄厚的外资连锁企业纷纷涌入中国，加剧了市场的竞争，促进了我国市场国际化和现代化程度，但从总体上看，目前我国内资连锁业仍占据主导地位。2001 年我国内资零售、餐饮连锁企业 998 家，占全国连锁总店数的 88.8%；实现零售额 1221.9 亿元，占连锁业零售总额的 78.9%。同时，连锁经营覆盖的领域和范围不断扩大，已拓展到零售业、餐饮业、服务业三大行业的 50 多个业种。

2001—2005 年，是中国连锁业发展最快的几年。其中前四年，中国连锁百强企业的平均年店铺增长率达 51%，年销售增长率达 38%。连锁业快速发展的几年，也是政府管理部门探索连锁行业管理、连锁企业深入思考和实践发展模式的几年。

2010 年，百强企业的销售规模出现较大幅度增长，达到 21.2%，分别比 2009 年的 13.5% 和 2008 年的 18.4% 高出 7.7 个和 2.8 个百分点。有 18 家企业销售增幅超过 30%，其中大部分是区域型连锁企业。2010 年，百强企业的店铺数量增幅为 9.8%，是 2006 年以来增幅最低的一年（2006—2009 年，百强连锁企业开店数量同比增幅分别为 26%、17%、24% 和 19%，总体呈下降趋势）。2010 年，连锁企业尽管遭受了诸多的压力和挑战，也迎来了历史性的发展机遇，包括城市化进程的推进、消费市场的持续增长。

（3）稳定发展期（2010 年至今）。2010 年以来，连锁百强的销售增幅持续回落，从 2010 年的 21% 下滑至 2013 年的 9.9%，先后回落 9.0 个、1.2 个和 0.9 个百分点。2013 年连锁零售百强销售额突破 2 万亿，但增幅首次出现个位数，仅为 9.9%，而零售百强销售额占社会消费品零售总额的比重也从 2009 年的 10.8% 下降到 8.7%，是连锁百强统计以来销售增幅最低的一年，但与前两年相比，回落幅度缩小，连锁行业进入整体放缓但相对稳定的成熟阶段。这是行业自身发展规模的体现，也是受到宏观经济增长减速、消费疲软、电子商务渠道分流、消费升级以及成本持续走高等多种因素影响的结果，接下来几年将是连锁企业的稳定发展期。

知识链接：2013 年中国连锁百强（前十名）

2013 年排名	2012 年排名	企业名称	2013 年销售（万元）	销售增长率%
1	1	苏宁云商集团股份有限公司	13800000	11.3%
2	3	国美电器有限公司	13334000	13.5%
3	4	华润万家有限公司 旗下：苏果超市有限公司		
4	5	康成投资（中国）有限公司（大润发）	8012000	10.6%
5	6	沃尔玛（中国）投资有限公司	7221464	24.5%
6		联华超市股份有限公司	6881838	0.2%
7	9	山东省商业集团有限公司	6113842	24.2%
8		上海友谊集团股份有限公司	6080000	6.7%
9	7	重庆商社（集团）有限公司	6029699	10.6%
10	8	百胜餐饮集团中国事业部	5020000	-3.8%

2. 连锁经营在中国的发展趋势。

未来中国连锁行业的发展主要呈现四大趋势：

（1）新型城镇化为连锁经营带来新机遇。2013 年以来，新型城镇化建设的步伐进一步加快，人口还将不断向城镇聚集，为消费市场注入活力，对连锁行业整体发展形成重大推动。新型城镇化的作用主要体现在城镇居民比重上升带来的消费结构改变，以及三、四线城市与中小城市消费能力的提升。此外，扩大消费作为“十二五”规划的重要组成部分，相信未来有更多的政策支持以及前面的政策贯彻落实的过程中，将会推动连锁企业保持稳定较快的增长。

目前，连锁百强企业从区域上分析，81% 的上榜企业仍然来自一、二线城市。然而，在成本高企、市场饱和以及竞争激烈等因素影响下，连锁企业纷纷转战三、四线城市。在《中国连锁零售企业经营状况分析报告 2013—2014》数据中，三、四线城市拥有较强的增长潜力，如百货店铺的平均销售额增长率是 6. 0%，而一、二线城市仅为 1. 4%；购物中心的平均销售额增长率为 19. 2%，几乎是一、二线城市的两倍。不仅外国连锁品牌积极向中小型城市拓展，本国连锁企业也把目光锁定了三、四线城市。三、四线城市地区经济成长比较快，增速将长时间超过一、二线城市，三、四线城市消费增长得到有效释放，未来连锁经营加速三、四线城市扩张的趋势仍将持续。随着中国经济动力的转移，三、四线城市发展迅速，必将成为连锁企业发展的新重点。

（2）多业态经营渐成主流，并将在未来几年持续发展。随着消费者需求的多样化和个性化的发展，连锁经营也出现多业态、多行业的发展趋势。中国连锁经营将沿着从零售领域向批发领域、生产领域和服务行业的方向不断发展，从超级市场、百货商店、专业店向便利店、大型综合超市、仓储式超市、购物中心、廉价店等业态发展。

就各业态的发展态势来看，便利店和购物中心展现出了较好的发展态势。便利店依靠其空间、时间和服务的便利性，以及贴近消费者的特性，可能会占取连锁行业的制高点。特别是随着电商和便利店业态的逐步融合，我们有望看到各类电商、服务商、货品供应商与便利店深度合作，将体验、社交、生活服务和购物融合为一体的、以社区客群为服务核心的全新商业模式。与此同时，购物中心顺应了消费者需求多元化，娱乐、健身、就餐消费需求日益增加的趋势，也有望保持较快的增速。相比于这两个业态，超市、百货和专业店在过去两年增长较慢，开始进入调整转型期。

（3）全渠道无缝购物兴起，网络与传统连锁零售渠道相互融合。近几年中国的网络和移动零售取得了惊人的发展，而连锁零售行业在经过了单一销售渠道向多渠道过渡之后，也开始加速线上线下的融合，以实现全渠道经营，将消费者在各种不同渠道的购物体验无缝对接。数据显示，网络零售从 2011 年的 8019 亿元增至 2013 年的 18851 亿元。全渠道经营的核心是采取实体渠道、电子商务渠道和移动电子商务渠道整合的方式销售商品或服务，提供给顾客无差别的购买体验。全渠道零售的战略重点不在单一渠道的最优或最强，它的终极目标是各个渠道之间达到高度协同，为消费者提供无缝的最佳购物体验。供应链上的所有库存也为所有顾客共享，店员可卖其他分店有的商品，线上商店或移动商店可卖门店和物流中心仓库的商品。10 年内，中国市场整体零售额或将达到 50 万亿元，其中 20% 可能就来自在线零售。10 年以后，与互联网一起成长起来的年轻人，可能 80% 的消费需求都会在网上实现。

因此，连锁企业要进行全渠道零售是未来的发展趋势。

（4）通过重组并购，减少同业竞争。连锁行业增长放缓为某些企业带来挑战，也会成为催生另一些企业快速成长的机遇。加之新开门店的成本高企、商圈优良资源稀缺，我国连锁零售业“跑马圈地”的外延式扩张已经大幅放缓，取而代之的是通过并购重组，快速占有成熟的零售资源。2013 年我国连锁行业的并购市场相较以往尤为活跃，数据显示，传统连锁业并购交易量同比增长超过 44%，并购交易总额约为 2012 年总额的 4 倍。这反映出连锁零售企业正抓紧时机，通过并购重整以调整经营战略，实现规模扩张和业态延伸。可以预见，国内连锁零售行业的并购整合还将延续，业绩相对较好的龙头公司将利用这一有利时机，用低成本并购低估值的零售企业，突破业态和地域瓶颈，提升协同效应以增强自身实力，提高市场占有率。

今后几年，连锁行业将通过兼并重组，减少同业竞争，实现零售资源的优化配置，优势互补、集约整合和跨越发展，以扩大经营规模，实现经营效益的不断增加。

四、学习资源

1. 中国连锁经营协会官网。
2. MBA 智库百科。
3. 《2013—2017 年中国零售行业市场前瞻与投资战略规划分析报告》。

五、训练

（一）单项选择题

1. (　　)实现了统一采购、统一配送，是保证连锁经营成功的基础。

A. 配送中心　　B. 信息中心
C. 财务中心　　D. 营销中心

2. (　　)的最大优点是顾客自选商品，到出口处统一付款。

A. 百货商店　　B. 超级市场
C. 特许加盟店　　D. 联合公司

3. 1930 年 8 月美国经济危机，具有几十年经营食品经验的美国人迈克尔·库伦在纽约长岛的牙买加开设了世界第一家(　　)。

A. 百货商店　　B. 超级市场
C. 特许加盟店　　D. 联合公司

4. (　　)是德国最大的以经营食品为主的连锁折扣超市。

A. 麦德龙　　B. 阿尔迪
C. 卡尔斯塔特百货公司　　D. 马莎公司

5. 英国最大的连锁商店是(　　)。

A. 麦德龙　　B. 阿尔迪
C. 卡尔斯塔特百货公司　　D. 马莎公司

6. (　　)是指专业顾客在仓储式商场内自选商品，以现金支付并取走商品。

A. 现购自运　　B. 批发零售
C. 超级市场　　D. 连锁商店

7. (　　)成立于1959年，是大卖场业态的首创者，是欧洲第一大零售商，世界第二大国际化零售连锁集团。

A. 沃尔玛　　B. 家乐福

C. 麦德龙　　D. 阿尔迪

8. (　　)的连锁经营是从20世纪20年代末从欧美引进的，经过70多年的发展，达到鼎盛阶段，已成为连锁经营的第二大国。

A. 美国　　B. 英国

C. 德国　　D. 日本

9. (　　)的战略重点不在单一渠道的最优或最强，它的终极目标是各个渠道之间达到高度协同，为消费者提供无缝的最佳购物体验。

A. 实体渠道零售　　B. 电子商务渠道零售

C. 全渠道零售　　D. 移动电子商务渠道零售

（二）多项选择题

1. (　　)，是连锁经营的本质要求，是连锁经营发挥规模效益的关键，是连锁企业生存和发展的保证。

A. 统一服务　　B. 统一广告

C. 统一采购　　D. 统一配送

2. 规模经营取决于两个方面：(　　)。

A. 分店的数目　　B. 分店的规模

C. 总店的规模　　D. 总店的经营种类

3. 美国连锁经营的发展历史，可划分为4个阶段，分别是(　　)。

A. 创始阶段　　B. 现代连锁阶段

C. 发展、创新的连锁阶段　　D. 科技化和国际化的连锁阶段

4. 20世纪50～80年代美国连锁经营获得了高速发展。其主要原因为：(　　)。

A. 高速公路网的建成　　B. 计算机技术的普及

C. 各种业态的兴起　　D. 新经营理念的出现

5. 日本连锁业的发展，从业态上讲可分成三个系统：(　　)。

A. 百货店　　B. 特许连锁店

C. 超级市场　　D. 便利店

6. 至今连锁经营在中国已有二十多年的发展时间，经历了三个明显的阶段(　　)。

A. 成熟期　　B. 初始期

C. 成长期　　D. 稳定发展期

7. 全渠道经营的核心是采取(　　)整合的方式销售商品或服务，提供给顾客无差别的购买体验。

A. 实体渠道　　B. 电子商务渠道

C. 移动电子商务渠道　　D. 线上线下

（三）判断题

1. 现代科技的发展是连锁经营正常运转的重要条件。 （ ）

2. 无论哪种连锁形式，都是由店铺负责采购进货，总店负责销售卖货，改变了传统零售业那种集买、卖于一身的做法。 （ ）

3. 20 世纪 70 年代以后，集装箱汽车已成为美国主要的运载力量，这为美国连锁经营网点的跨区域布局创造了条件。 （ ）

4. 美国科技化和国际化的连锁阶段，针对消费者和企业的各项需求应运而生的商业服务业成为连锁业发展的生力军。 （ ）

5. 1891 年，托马斯利吉顿在伦敦成立了一家公司经销茶叶，是英国第一家连锁商店。 （ ）

6. 麦德龙的仓储式超市是将超市和仓储合二为一的零售业态，省掉了传统零售企业独立的仓库和配送中心，经营中实现了快速补货，保证了超市低成本高效率的运作。 （ ）

7. 直到 1991 年，上海联华才开设了我国第一家真正意义上的超级市场。 （ ）

8. 随着中国经济动力的转移，三、四线城市发展迅速，必定成为连锁企业发展的新重点。 （ ）

（四）简答题

1. 连锁经营的发展必须具备哪些条件？

2. 短短一百多年的时间，连锁经营席卷全球，它迅速发展的原因有哪些？

3. 欧洲连锁经营发展的特点是什么？

4. 简述连锁经营在中国的发展趋势。

项目二
2 连锁经营业态

20 世纪 90 年代初期，随着超级市场为代表的新兴业态的发展，“业态”一词开始用于中国的商业。直到 90 年代中期“零售业态”一词才开始被人们所接受并广泛使用。我们现在指的“业态”一般指零售业态。

连锁经营是零售业的一次伟大革命，连锁经营业态成为市场上的一道亮丽的风景线。随着连锁经营的不断发展与成熟，其运作模式不断向多种行业以及各个领域渗透。在连锁经营发达的国家和地区，除了传统的零售业以外，连锁经营已经扩展到建筑、旅游、教育、美容美发、医院、餐饮等行业。可以说几乎所有直接面向终端消费者的行业或业种都可以采取连锁经营的形式，其业态形式也走向多种化。

本项目主要针对零售经营业态、连锁经营业态、影响业态变化的主要因素分析进行描述。

任务 1
零售业经营业态

一、背景

一般认为“业态”一词最早来自于 20 世纪 60 年代的日本，是一个典型的日本汉字词汇。我国从 20 世纪 80 年代引入商业前沿理论，开始引入“业态”一词。在引入初期，我国对业态没有明确的定义，随着商品经济的发展，“业态”一词的概念逐渐明确化。学术业界给出的许多参考定义：日本安士敏（1992）先生认为：“业态是定义为营业的形态”，它是形态和效能的统一，形态即形状，它是达成效能的手段；肖新永（1994）认为：“以人为中心、以服务为手段的营销方式，称之为业态。”萧桂森（2004）在他编写的《连锁经营理论与实践》中，给业态下的定义是：针对特定消费者的特定需求，按照一定的战略目标，有选择地运用商品经营结构、店铺位置、店铺规模、店铺形态、价格政策、销售方式、销售服务等经营手段，提供销售和服务的类型化服务形态。综上所述，本教材认为业态是指商业企业根据消费者需求的差异，为满足消费者不同需求层次的具体的商业形态，它是商业经营形态和销售方式的统一。

二、学习目标

1. 掌握零售经营业态的概念。
2. 熟悉零售经营业态的分类。
3. 熟悉零售经营业态的特征。

三、基础知识

（一）零售业态的定义及内涵

1. 零售。**零售**（retailing）**是指向终端消费者提供非生产性消费品和服务的活动**。这一定义包括以下几点含义：

（1）零售活动的交易对象是最终消费者（包括消费个人和消费集团），而不是用来生产加工或转卖的。如零售商将自行车轮胎出售给购买者，购买者将之安装在自己自行车上，这种交易活动便是零售；若购买者将自行车轮胎转卖，则不属于零售。

（2）零售活动不仅向消费者提供商品，同时也提供相关服务。一次简单零售的活动常常伴随着相关的服务，如送货、安装、维修等。

（3）零售活动不只限制于店铺进行，有许多无店铺的销售活动也算是零售活动。恰当有效地进行无店铺的销售活动对消费者创造了便利的消费条件，也会刺激零售业的发展。如：网络销售、自动售货机、电视直销、上门推销等。

（4）零售活动不仅限于个人或家庭消费者，也包括非生产性集团消费者。如学校采购纸张、公司采购办公用品等。

2. 零售业态。**零售业态**（Retail formats）**是指零售企业为满足不同消费需求进行相应的要素组合而形成的不同经营形态**。零售业态是社会生产力不断提高、市场经济竞争日益激烈的产物。零售业态的内在组合要素主要包括目标顾客、经营方式、商品结构、服务功能、规模、定价策略、店铺环境等。由于组合方式多种多样，所呈现出来的零售业态也不一样，即便是同一业态的零售商店也会变成不同的经营特色。所以说零售业态的实质就是对其内在要素的组合。

知识链接：关于零售业态的定义，目前存在多种说法：

说法1：

所谓零售业态，是指零售企业如何将产品与服务采取独特的经营形态，销售给最终的目标消费者。一定时期零售业态主要受制于一国和地区的社会经济技术发展状况。

说法2：

除了便民店外，任何一种业态都有大中小之分，从一般意义上说，零售业态是指零售企业经营的形小之分。不同国家其划分标准也不太一样。

说法3：

零售业态是指零售企业的经营和存在方式。

说法4：

零售业态是指零售企业为满足不同消费需要而形成的不同经营方式。

说法5：

零售业态是指零售企业为满足不同的消费需求而形成的不同的经营业态。零售业态的分类主要依据零售业的选址、规模、目标顾客、商品结构、店堂设施、经营方式、服务功能等确定。

说法6：

零售业态是指零售企业的经营组织形式，一种新型零售业态的出现往往预示着一场或大或小的零售变革的开始。

说法7：

“业态”是由日本引进的一个概念，从字面上理解它是指企业的经营形态，“零售业态”就是指零售业的经营形式和存在方式。

说法8：

零售业态是指按照区别化市场定位形成的不同的零售店铺组织形式，如百货店、综合超级市场、24小时方便店、专业商店、仓储式超级市场等。

3. 业种和业态。零售商业分为业种和业态两种类型。**商业业种是指按照经营商品品种来区分的企业类型**。这种类型的商业类型从古代就有了，如古代就有了肉店、米店、药店、渔具店等。由于当时商品经济发展粗放，人们只能在一家店买一种类型的商品，这与当时手工作坊的生产方式以及消费水平低相适应的。业种强调的是“卖什么”。业种的分类见表2－1。

商业业态是按照向顾客群体提供商品和服务的具体形态和销售方式来区分的，如24小时便利店、超市、百货店等。商业业态是从业种发展而来的，分类的依据主要是根据经营规模、店内设施、规模、经营方式、选址等来确定的。业态强调的是“怎么卖，卖给谁，如何卖”的具体经营形态。从目前商品经济的发展来说，业态的区分比业种更加重要，也更加有意义。

4. 零售经营业态和连锁经营业态的分析。目前大多数人对连锁经营业态的分析理解基本上是建立在零售经营业态上的，没有把两者进行区别和联系起来。零售经营业态与连锁经营业态是相互联系、相互区别的。我们要正确理解二者的区别和联系，还要将零售业和连锁经营，零售业态和连锁业态加以区分。根据中国国家标准GB/T 18106—2004对零售业解释为：以向消费者销售商品为主，并提供相关服务的行业。其业态分类形式主要分为有店铺零售业态和无店铺零售业态。按照零售业的选址、规模、店内设施、有无固定经营场所、目标顾客、服务功能等，又可以细分为专业店、超市、大型超市、百货等18种零售业态。对于连锁经营，据中国国家国内贸易行业标准SB/T 10465—2008对连锁经营的定义为：经营同类商品或服务、使用统一商号的若干店铺，在同一总部的管理下，采取统一采购或特许经营

表 2-1 业种分类表

业种功能		业种分类		业种名称
物品	购物	批发		农副产品批发市场，食品、饮料及烟草制品批发市场，纺织、服装批发市场，文化、体育用品及器材批发市场，医药、保健品及医疗器材批发市场，建材及化工产品批发市场，五金交电及数码电子产品批发市场
		零售	食品类	粮油店、糕点店、面包店、果品店、蔬菜店、肉店、禽蛋及水产品店、饮料店、茶叶店、烟酒店、其他食品零售
			服装类	服装店、针纺店、鞋帽店、钟表店、眼镜店、化妆品店、卫生用品店、其他日用品店
			文体类	文具店、体育用品店、书店、报刊零售店、音像制品及电子出版物零售店、珠宝首饰店、工艺美术品店、收藏品店、照相器材店、其他文体用品店
			家电类	家电店、计算机、软件及耗材店、手机店、数码电子产品店、五金店、家具店、涂料店、其他室内装修材料店
			汽摩类	汽车4S店、汽车零配件店、摩托车配件店、机动车燃料油品店
			医保类	药店、医疗用品店、保健品店
			其他类	花店、旧货店
服务	生活服务	家庭服务		家庭陪护、助老托儿、送水送煤、送奶送报
		洗染服务		洗衣店、干洗店、洗染店及皮毛护理服务
		保健服务		减肥中心、皮肤护理、保健按摩、足底按摩店
		美发美容		专业理发、美容保健服务
		洗浴服务		温泉、桑拿、沐浴中心
		婚介服务		婚介所、婚庆公司、婚纱摄影店
		殡葬服务		殡葬用品店、殡仪馆
		彩扩服务		艺术摄影店、照相馆、图片社、彩扩店、数码摄影店
		社区服务		社区服务社、维修部、保洁服务中心
	餐饮服务	正餐服务		大酒楼、酒店、餐馆、饭庄、饭店、餐厅
		快餐服务		中式快餐、西式快餐、自助式快餐
		休闲餐饮		茶社、茶馆、茶楼、酒吧、咖啡厅
		其他餐饮		小吃店、送餐店、面馆、包子店、饺子馆
	文化	电影院、歌剧舞剧院、话剧院、戏院、马戏场、音乐厅、群艺馆 文史馆、图书馆、博物馆、档案馆、文化遗址、展览馆、纪念馆		
	休闲娱乐	室内游戏		夜总会、歌舞厅、恋歌房、量贩式 KTV、游戏厅
		主题乐园		游乐园、水上游乐场、淘气堡
		休闲健身		高尔夫练习场、保龄球馆、飞镖室、射击场、滑雪场
		其他娱乐		彩票点、道具出租屋、游船等

等方式，实现规模效益的组织形式。其业态表现形式主要分为直营连锁业态、自愿连锁业态、特许连锁业态。

从上述分析可以看出，零售业态的分类主要是按照经营形态和销售方式上进行划分的，也就是以一种怎样的外在表现，针对不同顾客群体进行经营销售的。连锁经营业态主要按照连锁经营的模式进行划分，这种经营业态主要是加强统一管理，实现规模效益。总的来说，由于目前连锁经营是零售业的主要表现形式，所以许多的连锁经营研究都是基于零售业的，二者之间又存在着必然的联系。

（二）零售业态的特征

对于零售业态的特征，Mason Mayer Wilkinson（1997）提出了零售业态的6P理论：产品（product）、价格（price）、促销（promotion）、地点（place）、人员（people）、展示（presentation），而MichaelLevy，Barton A. Weatz认为应从商品品种、价格、规模、存货单位、商品种类、服务水平、地点7个方面去把握。还有人认为应该从经营方式、经营商品、管理等方面进行综合考虑。综合以上对零售业态的定义，其特征主要表现在以下几个方面：

1. 这种经营形态是一种经营方式和经营理念的外在表现，这种外在的表现很容易让消费者去识别和判断。比如，消费者很容易将一家店铺归类于超市还是便利店等形式。

2. 这种经营形态是零售企业实行差异化营销的一种表现，针对不同需求的目标市场采取与之相适应的零售业态，每一种零售业态都是为满足目标市场的需求而存在的。

3. 这种经营形态是提高经营效率的客观要求，只有满足了目标市场的需要，才能在日益残酷的市场竞争中立足。

（三）零售业态的类型

根据中国国家标准《零售业态分类》（GB/T 18106—2004），我国的零售业态按照零售业态分类原则，根据商铺的经营方式、商品结构、服务功能、选址以及商圈、规模、目标顾客、殿堂设施和有无固定营业场所，从总体上分为有店铺零售业态和无店铺零售业态。

按照其分类原则，可以细分为食杂店、便利店、折扣店、超市、大型超市、仓储会员店、百货店、专业店、专卖店、家具建材商店、购物中心、厂家直销中心、电视购物、邮购、网上商店、自动售货亭、直销、电话购物等18种零售业态。其中，前面12种零售业态为有店铺零售业态，后面6种为无店铺零售业态（见表2-2）。

表2-2　　2012年零售前十强表

	企业名称	2012年销售规模（含税万元）
1	苏宁控股集团	23272272
2	天猫	21942333
3	大连大商集团有限公司	13101279
4	百联集团有限公司	12205221

续表

	企业名称	2012 年销售规模（含税万元）
5	国美电器有限公司	11747974
6	华润万家有限公司	9410000
7	京东商城	7585004
8	康成投资（中国）有限公司（大润发）	7247000
9	沃尔玛（中国）投资有限公司	5800000
10	重庆商社（集团）有限公司	5449472

（四）几种重要零售业态介绍

1. 百货店。中国的第一家百货商店是1900年在哈尔滨开业、俄罗斯投资的秋林公司，直到20世纪20年代，中国真正意义上的现代百货出现在上海，随着永安公司（即永安百货）、大新公司（即上海第一百货商店）、新新公司（即上海第一食品商店）、先施公司（上海时装公司）先后落户于南京路，成为当时亚洲最具规模和代表性的百货公司，如今这四大百货公司所在的南京路亦是中国最为繁华的商业街道之一。

百货店（Department Store）俗称百货商场或百货商店，是指在一个建筑物内，经营若干大类商品，实行统一管理，分区销售，满足顾客对时尚商品多样化选择需求零售业态。其特点是：

◆ 选址：市、区级商业中心、历史形成的商业集聚地；

◆ 商圈与目标顾客：目标顾客以追求时尚和品味的流动顾客为主；

◆ 营业面积：营业面积在6000～20000平方米；

◆ 商品（经营）结构：综合性，门类齐全，以服饰、鞋类、箱包、化妆品、礼品、家庭用品、家用电器为主；

◆ 商品售卖方式：采取柜台销售和开架面售相结合方式；

◆ 服务功能：注重服务，设餐饮、娱乐场所等服务项目和设施；

◆ 管理信息系统：程度较高。

百货店的组织形式一般可以分为独立组织形式和连锁组织形式。独立组织形式即只有一家百货店进行独立经营，没有分店。连锁组织形式是指经营模式上采用统一领导下的多家分店经营。如太平洋百货在全国主要城市开分店。目前中国市场上的百货店大多都才有连锁的组织形式，这种组织形式带来最大的好处，能实现各个分店的统一管理，带来规模经济，同时也能减少相关成本费用。

2. 超级市场。超级市场（supermarket）最早诞生于20世纪30年代的美国市场。这与当时美国市场是全球最大也是最成熟的市场相适应，也是社会经济发展的必然结果。1930年迈克尔·库仑将一座废弃的车库改装成一家超级市场，这就是全球第一家超级市场，并借鉴了1916年由桑德斯创造的“自助式”售货法和消费者希望一次性能完成购买所需商品的心理结合起来，采用开架自选，一次性结算方式并且准备大量的停车场。这种零售业态的创新立即刺激当时的美国消费市场。中国是超市引入较晚的国家，一直到了20世纪90年代，超市文化才渐渐被人们所接受。随后的10多年时间，是中国超市行业发展迅速的一个阶段，大量的外国超市进入国内市场，国内本地超市企业也在这段时期内兴起。

超级市场俗称超市或自选商场，采用一次性结算和自助服务的经营方式，以销售生鲜食品、包装食品和日用生活品等为主，主要是为满足消费者日常生活必需品为主的零售业态。超级市场发展到现在，其经营形态已呈多样化。超级市场业态的细分，是社会经济发展，市场竞争不断加剧，消费者需求变化加快的必然结果。超级市场业态模式可以分为：传统食品超市、标准超市、大型综合超市三种。正确分析其特点，有利于超市企业确定不同目标市场需要，满足客户的需求，找到正确的市场定位，开展有效的营销活动。

（1）传统食品超市。传统食品超市经营面积一般控制在300～500平方米，其经营规模小，商品种类有限，一般以食品和日常用品为主。传统超市把杂货店、小型食品店、小型百货店、粮店、米店等集中一起，使之综合化，是传统小商店的取代者。传统食品超市是超级市场的最初业态。

（2）标准超级超市。标准超级市场也称生鲜超市，其经营面积一般控制在1000～6000平方米，经营规模较大，一般以包装食品、生鲜食品和日用品为主，营业时间多在12个小时以上。标准超级超市和传统食品超市一样，也是以经营食品和日用品为主，但是不同之处在于，标准超级市场在食品类经营上以生鲜食品为主，占整个食品类的50%以上；在日用品和包装食品的种类上也比传统食品超市更多。因此标准超级市场是对传统食品超市在内容上和形式上较为完整的现代化替代。

标准超市

（3）大型综合超市。大型综合超市也称大卖场（GMS），其经营面积在6000平方米以上，是在标准超市基础上，整合了百货商品（如家电、服装、鞋帽、化妆品）而形成的超市业态。大型综合超市通常选址在城郊结合部、交通要道以及大型住宅区，所以一般配备与营业面积成1∶1比例的停车场。大型综合超市经营商品种类繁多，可达两三万种。其经营的产品深度和广度大，价格带宽，目标群体广泛，可最大限度地满足不同层次的消费者对日用品的一次性购买。

大型综合超市

3. 便利店。便利店（Convenience Store）最早起源于20世纪20年代末的美国，由美国南方公司开创了便利店的原型，1948年开设了真正意义上的便利店，当时的营业时间从早上的7点到晚上11点，故称“7－11”商店。20世纪90年代，便利店业态引入国内。尽管起步较晚，但伴随着国内经济的高速推进，便利店业态在我国也取得了较快的发展，涌现出如美宜佳、联华快客、天福便利、唐久便利等一批较为知名的便利店。

美宜佳便利店

《中华人民共和国国家标准——零售业态分类》将便利店（CVS）定义为：满足顾客便利性需求为主要目的的零售业态。其主要特征为：

◆ 选址：商业中心区、交通要道以及车站、医院、学校、娱乐场所、办公楼、加油站等公共活动区。

◆ 商圈与目标顾客：商圈范围小，顾客步行5分钟到达，目标顾客主要为单身者、年轻人。顾客多为有目的的购买。

◆ 营业面积：100平方米左右，利用率高。

◆ 商品（经营）结构：即时食品、日用小百货为主，有即时消费性、小容量、应急性等特点，商品品种在3000种左右，售价高于市场平均水平。

◆ 商品售卖方式：以开架自选为主，结算在收银处统一进行。

◆ 服务功能：营业时间16小时以上，提供即时性食品的辅助设施，开设多项商品性服务项目。

◆ 管理信息系统：程度较高。

由此看出，便利店不同于超市，也不同于精品店。其主要体现以下几个方面：

（1）距离的便利。便利店在距离上更为靠近消费者，消费者一般情况下步行5分钟就可以到达。

（2）时间的便利。目前大多数便利店都实行24小时营业，全年无休。极大地方便了消费者在时间上选择的随意性和便利性。

（3）需求的便利。在满足消费者对日常消费品需求，同时也提供多层次的服务，如速递、复印、代购车船机票、代理干洗、存取款等，极大地方便了消费者的需求，改变了一般零售店纯粹的买卖模式，增加了服务的附加值，俨然也成为社区的服务中心。

对购物便利已成为社会发展的一个必然趋势，这就决定了便利店强大的生命力和发展力。如果说超级市场业态的出现改变了人们消费的第一次革命，那么便利店业态的出现则成为改变人们消费的第二次革命。

4. 购物中心。购物中心（Shopping Center/Shopping Mall）产生于20世纪初，50年代在美国等发达国家诞生出具有真正现代意义的购物中心。由于城市化的急速发展带来了城市人口过剩，大量人口从城区迁往郊区，各种业态的零售企业在郊区聚集，购物中心也随之在各地出现。我国在20世纪90年代引入购物中心的概念，在经历艰苦的探索阶段后，逐渐进入理性的成熟阶段。目前我国大型购物中心达到3000多家，分布在一线、二线城市。随着中国经济的快速发展，这一模式的零售业态已成为我国主要的商业业态之一。

购物中心是多家零售店铺、服务设施集中由企业有计划地开发、管理、运营的一个建筑物内或一个区域内，向消费者提供综合性服务的商业集合体。根据中国市场经济的情况，把购物中心分为社区购物中心、市区购物中心、城郊购物中心。

（1）社区购物中心。

◆ 选址：市、区级商业中心；

◆ 商圈与目标顾客：商圈半径为5~10公里之间；

◆ 规模：建筑面积为5万平方米以内；

◆ 商品（经营）结构：20~40个租赁店，包括大型综合超市、专业店、专卖店、饮食服务；

◆ 商品售卖方式：各个租赁店独立开展经营活动；

◆ 服务功能：停车位300~500个；

◆ 管理信息系统：各个租赁店独立使用各自的信息系统。

（2）市区购物中心。

◆ 选址：市级商业中心；

◆ 商圈与目标顾客：商圈半径为10~20公里之间；

◆ 规模：建筑面积为10万平方米以内；

◆ 商品（经营）结构：40～100 个租赁店，包括百货店、大型综合超市、专业店、专卖店、杂品店、饮食店以及娱乐服务设施；

◆ 商品售卖方式：各个租赁店独立开展经营活动；

◆ 服务功能：停车位 500 个以上；

◆ 管理信息系统：各个租赁店独立使用各自的信息系统。

（3）城郊购物中心。

◆ 选址：城郊结合部的交通要道；

◆ 商圈与目标顾客：商圈半径为 30～50 公里之间；

◆ 规模：建筑面积为 10 万平方米以上；

◆ 商品（经营）结构：200 个租赁店以上，包括百货店、大型综合超市、专业店、专卖店、杂品店、饮食店以及娱乐服务设施；

◆ 商品售卖方式：各个租赁店独立开展经营活动；

◆ 服务功能：停车位 1000 个以上；

◆ 管理信息系统：各个租赁店独立使用各自的信息系统。

5. 专业店和专卖店。

（1）专业店的含义以及特征。**专业店**（Specialty Store）的出现已有较为漫长的历史，它常常经营一类或几类商品，是封建社会时期主导的一种商业业态，如粮店、药店、服饰店等。《零售业态分类》对专业店的定义是：以专门经营某一大类商品为主的零售业态。如公用品专业店、玩具专业店、药品专业店、家电专业店。其主要特征为：

◆ 选址：市、区级商业中心以及百货店、购物中心内；

◆ 商圈与目标顾客：以有目的选购某类商品的流动顾客为主；

◆ 规模：根据商品特点而定；

◆ 商品（经营）结构：以销售某类商品为主，体现专业性、深度性，品种丰富，选择余地大；

◆ 商品售卖方式：采取柜台销售或开架面售方式；

◆ 服务功能：从业人员有丰富的专业知识；

◆ 管理信息系统：程度较高。

（2）专卖店的含义以及特征。**专卖店**（Exclusive Shop）通常我们可以说是专营店，是指以专门经营或被授权经营某一主要品牌商品为主的零售业态。专卖店模式于 20 世纪 80 年代在中国兴起，这种业态的快速发展对传统的营销中介机构，尤其是代理中间商造成巨大的冲击，传统的营销渠道中间商纷纷需求转型，以寻求合作供货和加盟逐渐成为主流。其特征如下：

◆ 选址：市、区级商业中心、专业街以及百货店、购物中心内；

◆ 商圈与目标顾客：以中高档消费者和追求时尚的年轻人为主；

◆ 规模：根据商品特点而定；

◆ 商品（经营）结构：以销售某一品牌系列商品为主，销售量少、质优、高毛利；

◆ 商品售卖方式：采取柜台销售或开架面售方式，商店成列、照明、广告讲究；

◆ 服务功能：注重品牌声誉，从业人员具备丰富的专业知识，提供专业性服务；

◆ 管理信息系统：一般。

四、学习资源

1. 《中华人民共和国国家标准——零售业态分类》。
2. 《中国连锁零售企业经营状况分析报告（2013—2014）》。

五、训练

（一）名词解释

1. 业态
2. 零售业态

（二）单项选择题

1. 肉店、鞋店、服饰店是指(　　)。

A. 零售业态　　B. 店铺零售

C. 非店铺零售　　D. 零售业种

2. 以“小、灵、便”为特征的零售业态是(　　)。

A. 便利店　　B. 百货商店

C. 购物中心　　D. 大型超级市场

3. “自助服务与一次性结算为主要经营方式；食品和日常用品为主要经营品种”，这些经营特点符合哪一种有店铺零售业态(　　)。

A. 百货商店　　B. 超市和大型超市

C. 专业店和专卖店　　D. 购物中心

4. 业态一般指(　　)。

A. 零售业态　　B. 餐饮业业态

C. 旅游业业态　　D. 建筑用业态

5. 强调“卖什么”是指(　　)。

A. 业态　　B. 经营结构

C. 业种　　D. 生产方式

6. 强调“怎么卖、卖给谁”是指(　　)。

A. 业态　　B. 经营结构

C. 业种　　D. 生产方式

7. 零售活动的交易对象是(　　)。

A. 生产者　　B. 转卖者

C. 经营者　　D. 最终消费者

8. 零售业态从总体上可分为(　　)。

A. 有店铺和无店铺　　B. 超市

C. 专卖店　　D. 百货店

9. 业态一词最早来自于(　　)。

A. 美国　　B. 英国
C. 法国　　D. 日本

10. 尽管各个国家对超市的定义不同，但超级市场的定义核心是(　　)。
A. 开架销售　　B. 连锁经营
C. 自我服务　　D. 以经营食品为主

11. 超级市场采取的是(　　)。
A. 廉价销售　　B. 高价销售
C. 橱窗销售　　D. 打折销售

12. 百货店大部分的商品销售采用(　　)。
A. 柜台销售　　B. 廉价销售
C. 自我服务　　D. 存销一体

13. 标准超级市场在食品类经营商，以(　　)为主，占整个食品类的50%以上。
A. 散装食品　　B. 生鲜食品
C. 进口食品　　D. 生活用品

14. (　　)所配备了与营业面积成1∶1比例的停车场。
A. 传统食品超市　　B. 标准超市
C. 大型综合超市　　D. 购物中心

15. 世界上第一家便利店为(　　)。
A. 美宜佳　　B. 7－11
C. 家乐福　　D. 沃尔玛

(三) 多项选择题

1. 零售业态的分类的组合因素有(　　)。
A. 店内设施　　B. 目标顾客
C. 服务功能　　D. 有无固定经营场所
E. 规模

2. 超级市场可以分为(　　)。
A. 传统食品超市　　B. 一般超级市场
C. 标准超级市场　　D. 市区超级市场
E. 大型综合超级市场

3. 便利店不同于超市，主要表现在(　　)。
A. 交通的便利　　B. 距离的便利
C. 时间的便利　　D. 需求的便利
E. 一次性购买的便利

4. 购物中心可以分为(　　)。
A. 社区购物中心　　B. 农村购物中心
C. 城郊购物中心　　D. 市区购物中心
E. 大型购物中心

5. 百货店的组织形式一般可分为(　　)。

A. 直营组织形式　　B. 独立组织形式

C. 连锁组织形式　　D. 特许组织形式

E. 自愿组织形式

(四) 判断题

1. 业种是按照向顾客群体提供商品和服务的具体形态和销售方式来区分的。(　　)
2. 业态的区分比业种的区分更具有现实意义。(　　)
3. 零售活动只限制于有店铺活动。(　　)
4. 西方百货商店近十年来普遍经营困难，表明西方百货商店已经从成熟期步入衰退期。(　　)
5. 网络购物的兴起将令传统的有店铺的商业消亡。(　　)

(五) 简答题

1. 超级市场的经营特征是什么?
2. 零售业态与连锁经营业态辨析。
3. 简述业态与业种的区别。

(六) 分析题

广百集团是广州市国有百货业改革重组时形成的两大零售商业“旗舰”之一。目前的广州百货企业集团有限公司是以广百股份有限公司为核心、包括200多家商贸企业在内的一家大型国有商业集团公司，其业务涉及百货零售、超市零售、批发代理、仓储运输、汽车贸易等。在新形势下，随着外来商业资本的进入，商业竞争日益加剧，消费需求不断更新，新型零售业态纷纷涌现，城市商业中心多极化以及传统百货这一零售业态步入调整期，广百集团面临严峻的挑战，迫切需要整合现有资源，调整业务方向，寻求新的发展空间和利润增长点，重新打造广百形象。

目前，广百集团拥有的主要优势是：广百大厦和新大新公司是全国知名的百货店品牌；一批专业店品牌，如亨得利、李锦记、妇儿商店、文化用品商店等是广州传统商业领域的知名品牌；百货零售营业网点已基本覆盖广州市主要商业区；长期以来在零售业领域积累了丰富的经营管理经验。但广百集团也存在许多劣势，如改革包袱沉重，业态过于多元化，主业不突出，经营成本较高等。根据广州市目前零售业的发展状况来看，百货商店经营普遍艰难；大型综合超市发展势头迅猛，广受欢迎；标准超市正在兴起；便利店刚刚起步，未来前景看好，专业大店尚在摸索之中。鉴于此，广百集团将引入目前普遍看好的大型综合超市和便利店为新的主要发展业态。

(资料来源：http：//www. doc88. com/p－2876749682985. html)

问题：

1. 广百集团目前确定的发展战略是否合适?
2. 你认为其发展重点应主要集中在哪些业态上，为什么?

任务 2
连锁经营业态

一、背景

19 世纪 30 年代，西方主要资本主义国家先后完成了工业革命，工业化进程的发展带来了经济的高速发展，迫切要求流通的变革。连锁经营业态正是适应这种新的变革要求而呈现出来的新的经营形态。当时的经济形势出现了新的特点，主要表现为：

1. 以铁路为代表的新的交通方式，推动了市场的统一发展。传统保守的单店经营形态在这种大的环境下已经越来越疲惫，迫切需要新的经营业态进行改变。

2. 人口向城市迁移，城市规模迅速扩大，购买力主要向城市集中；中等收入水平阶级的产生，形成了新的消费观念、消费方式和消费水平。城镇化的加快需要对传统的商业模式提出新的更高的要求。

3. 以电话为代表的新的通讯方式，对市场信息的交流起到了极大的推动作用，为经营的统一领导和管理带来了可能。

4. 银行信贷的急速发展，股份制的产生，为融资渠道提供了多种可能，推动了金融业的快速发展。为连锁经营形态的产生提供了资金的支持。

连锁经营形态的产生适应了当时的市场经济的特点。连锁经营从根本上改变了商品流通分散的弊病，将若干个店铺进行统一管理，锁定成本、经营相同或相似种类的一个联合体，在整体的规划下实现规模效益，从而实现标准化的经营模式，注重每一个环节的分工，以便能提高经营效率。

二、学习目标

1. 掌握连锁经营业态的概念。
2. 熟悉连锁经营业态的分类。

三、基础知识

（一）连锁经营业态定义

关于对连锁经营业态的解释，目前没有一个清晰的统一概念。《国内贸易行业标准——连锁经营术语》SB/T 10465—2008 对连锁经营的定义为：经营店铺由连锁公司全资或控股开设，在总部直接控制下，开展统一经营的连锁经营形式。结合业态的定义和上述概念，**连锁经营业态**是指连锁店之间依据不同内在关系（资本、经营领域、所有权、经营权、合同效力、价格管控、进货渠道等）而形成的不同经营形态。

（二）连锁经营业态的类型

在连锁店之间由于其内在关系不同，形成了不同的业态类型。

1. 直营连锁业态。**直营连锁**（Regular Chain）又称正规连锁，连锁总部通过独资、控股或兼并等途径开设门店，所有门店在总部的统一领导下经营，总部对各门店实施人、财、物及商流、物流、信息流等方面的统一管理（详见项目四）。其主要特征是：

（1）资本属于连锁总部独有。资本属同一个投资主体（一个公司、个人或一个联合组织），由同一个投资主体投资开设分店。

（2）市场的扩展主要以开设分店的方式扩大市场。

（3）连锁经营的管理集中于总部，有总部统一管理公司的各个方面。

（4）进货渠道或价格控制由总部统一管控。

这种连锁业态有利于连锁总部站在一个全局的高度，进行统一管控；有利于连锁企业的新产品的推广，流通成本的降低；有利于部门之间的相互协调。但是直营连锁业态带来的不利影响也非常明显，各分店自助权小，因而主动性不强。

2. 自愿连锁业态。**自愿连锁**（Voluntary Chain）又称自由连锁、任意连锁。由不同资本的多数商店自发组织成总部，保留单个资本所有权的联合经营。其主要特征为：

（1）资本与总部没有所属关系。各店铺的资本是独立的，经营者即所有者。

（2）市场的扩展主要依靠既存店铺扩大市场。

（3）连锁经营由一个或几个核心企业作为主导企业。核心企业可以是批发商，也可以是大型的零售商。

（4）进货渠道按照相关协约进行统一进货。

（5）价格控制由各商店独立掌握。

自愿连锁业态有利于最大限度地发挥各个连锁商店积极性和主观能动性，有利于进行集中管理指导，提高成员店铺的管理水平；有利于减少成本支出，发挥规模效益。但是不利之处在于成员店铺独立性较大，所以总部的约束能力较弱，其组织不够稳定。

3. 特许连锁业态。**特许连锁**（Franchise Chain）又称加盟连锁，特许者将自已所拥有的商标、专利、技术等资源按照合同规定，许可其他经营者（加盟者）所使用，在特许者统一经营模式下开展经营活动（详见项目四）。其主要特征为：

（1）资本与总部没有直接的隶属关系。各加盟店的资本是独立核算的，拥有所有权，只需向许可者缴纳一定的加盟费用。

（2）市场的扩展主要依靠加盟店扩大市场。

（3）连锁经营的管理由加盟总店进行统一管理。这种管理主要集中表现在经营管理上，如统一的店面形象、经营统一的商品或服务等。

（4）进货渠道按照相关协约进行统一进货。

（5）价格控制由总部控制或推荐。

特许经营业态有利于加盟成员共享总部的管理优势和技术优势；有利于加盟成员降低其经营风险，提高营业效益；有利于总部企业品牌的快速扩张，增加无形资产。其不利之处在于加盟度在经营管理上过度依赖于总部，受总部影响较大。综合以上三种连锁经营业态，各自有优势和劣势。连锁企业在实际经营中，应根据实际情况，选择一种或几种连锁业态相融合，只是在共溶的状态下，每一连锁业态应根据各自的规则运营。如：著名连锁品牌肯德基在中国就采取了直营连锁业态和特许连锁业态相融合。

（三）连锁经营的核心在于规模效益

谋求规模效益是连锁经营的核心问题。这是传统独立商店所不能及的，主要表现在以下几个方面：

1. 大批量、低价格的购买优势。由于连锁经营将若干个商店进行统一管理，实行统一配货，在商品以及相关固定设备的采购上实现大批量的进货。一方面使单个商品成本远远低于小批量、多次进货的成本；另一方面还能有效地降低运输费用，最后可以与供应商或生产厂家的关系更加融洽，从而可以从供应商或生产厂家那里获得价格折扣、及时送货、优质商品等相关的好处。

2. 大规模快速发展的竞争优势。连锁经营可以不受限制地开设分店，主要表现在不受国家、地区、种族、文化的限制；不受商业习惯和行业的限制。把分散的经营组织主体进行统一运营，迅速发展企业规模，实现规模效益，拥有强大的市场竞争力，这是传统单个商店无法实现的。如日本的 7－11 企业，从 1974 年在日本本土第一家商店建立开始，40 年时间已遍布全球 200 多个国家、拥有超过 100 万家分店、成为全球连锁经营行业的优秀企业。

3. 快速扩张的品牌优势。连锁经营由于采取统一的经营模式，无论在商号、定价、进货、服务规范等方面对各分店进行规范化经营。这种规范化经营业态能减少广告费用，扩大广告效益，能快速地渗透到各分店所在地，起到一个良好的品牌宣传作用，对品牌的建立与扩散有非常好的效果。如肯德基的连锁店遍布全球各地，不管走到哪里，只要看到那个著名的标志，就知道是肯德基的商店。

（四）连锁经营日趋重要的管理控制

连锁经营是一种紧密的商业组织，其内部各个要素之间紧密结合，形成了一套完备的管理制度约束各个要素的行为和关系。目前，连锁经营企业规模不断扩大，一方面带来了良好的规模效益，另一方面由于连锁经营自身的弊端（如门店的分散性等）又带来了巨大的考验。所以对连锁经营的管理控制尤显重要。主要表现在两个方面：

1. 经营管理的模式化、标准化。连锁经营这种业态的管理模式，主要体现在连锁总部与各个分店之间的一致性，具体表现在连锁总部与各分店之间共享资源。连锁经营的管理人员必须运用先进的经营管理理念，结合本企业的特点，对各个方面进行深入的研究分析，如店面设计、员工安排与职责、服务标准、客户关系、广告宣传、营销策划、进销存系统流程、现金与信贷流程等，形成标准化具体的工作手册，作为员工重要的培训材料。

2. 及时的信息反馈。连锁店随着规模的不断扩大，使得经营的各个门店在区域上日趋分散。面对各地分散的门店，总部必须实时掌控所有业务的各个环节，对各连锁门店实现“零距离管理”，并对各门店所反馈的信息进行及时的处理与分析，否则就形不成连锁网络，连锁的整体优势也不能发挥出来。

四、学习资源

1.《中华人民共和国国家标准——连锁经营术语》。

2.《中国连锁零售企业经营状况分析报告（2013—2014）》。

五、训练

（一）名词解释

1. 连锁经营业态
2. 直营连锁
3. 自愿连锁
4. 特许连锁

（二）单项选择题

1. 连锁经营的核心在于(　　)。

A. 规模效益　　B. 管理定位

C. 规范经营　　D. 高效率管理

2. (　　)是连锁经营的经营特色。

A. 标准化管理　　B. 廉价销售

C. 自助服务　　D. 品种齐全

3. 连锁门店必须以(　　)为基础。

A. 经营同类商品　　B. 网络化组织

C. 企业形象标注化　　D. 薄利多销

4. “以利而连，以管而锁”指的是(　　)。

A. 零售经营　　B. 连锁经营

C. 超市经营　　D. 卖场经营

5. 既具有连锁经营的规模优势，同时又能保持独立小商店的某些经营特色的连锁经营业态为(　　)。

A. 直营连锁业态　　B. 特许连锁业态

C. 自由连锁业态　　D. 加盟连锁业态

6. 任意连锁又称(　　)。

A. 自愿连锁　　B. 直营连锁

C. 特许连锁　　D. 加盟连锁

7. 因为连锁经营能实现专业化经营和分散化设点相结合，集中采购和分散销售相结合，从而能解决的矛盾是(　　)。

A. 规模经营与消费的分散性　　B. 规模经营与所有权的分散性

C. 集中经营与消费的分散性　　D. 集中经营与所有权的分散性

8. 直营连锁业态的最终所有权属于(　　)。

A. 总部　　B. 特许者

C. 被许者　　D. 采购中心

9. 自由连锁业态与直营连锁业态的本质差异在于(　　)。

A. 管理模式不同　　B. 所有权不同

C. 发展方式不同　　D. 经营领域不同

10. 特许连锁业态的最终管理权为(　　)。

A. 总部　　B. 特许者

C. 被许者　　D. 采购中心

11. (　　)与总部没有所属关系，各分店的资本是独立的。

A. 直营连锁业态　　B. 特许连锁业态

C. 自愿连锁业态　　D. 加盟连锁业态

12. (　　)有利于最大限度地发挥各个连锁商店积极性和主观能动性。

A. 直营连锁业态　　B. 特许连锁业态

C. 自愿连锁业态　　D. 加盟连锁业态

13. (　　)只需向许可者缴纳一定的加盟费，其资本是独立核算的。

A. 直营连锁业态　　B. 特许连锁业态

C. 自愿连锁业态　　D. 自由连锁业态

14. (　　)通过总部独资、控股或兼并等途径开设门店，资本属同一个投资主体。

A. 直营连锁业态　　B. 特许连锁业态

C. 自愿连锁业态　　D. 加盟连锁业态

15. 直营连锁又称(　　)。

A. 正规连锁　　B. 特许连锁

C. 自愿连锁　　D. 加盟连锁

(三) 多项选择题

1. 连锁经营的核心在于规模效益，主要表现在(　　)。

A. 小批量、低价格的购买优势　　B. 大规模发展的竞争优势

C. 大批量、低价格的购买优势　　D. 快速扩张的品牌优势

E. 积极响应的反应机制

2. 连锁经营业态依据其内在关系不同，可以分为(　　)。

A. 直营连锁业态　　B. 自由连锁业态

C. 加盟连锁业态　　D. 超级市场连锁业态

E. 购物中连锁业态

3. 对于连锁经营来说，管理控制日趋重要，其主要表现在两个方面(　　)。

A. 经营管理的模式化、标准化　　B. 及时的信息反馈

C. 经营管理的集中化　　D. 经营管理的规模化

E. 经营管理的复杂化

4. 直营连锁业态的主要特征表现在(　　)。

A. 由同一个投资主体开设分店　　B. 市场的扩展以开设分店为主

C. 价格控制由总部统一控制
D. 进货渠道有总部统一管理
E. 管理集中于总部

5. 自愿连锁业态主要特征表现在(   )。
A. 各分店店铺的资本是独立的
B. 管理核心由一个或几个核心企业主导
C. 进货渠道统一管理
D. 价格控制由总部统一控制
E. 市场的扩展以开设分店为主

（四）判断题

1. 连锁经营是一种松散的商业组织。(   )
2. 连锁经营业态是商品流通业的创新。(   )
3. 连锁经营的核心在于扩大门店。(   )
4. 直营连锁业态是由总部独资、控股或兼并等形式开始设分店。(   )
5. 特许连锁业态由不同资本的多数商店自发组织的。(   )

（五）简答题

1. 从哪些方面说明连锁经营业态是商品流通业的创新?
2. 连锁经营的核心在于规模效益，主要表现在哪些方面?
3. 连锁经营业态的分类，各种业态的特征是什么?

（六）分析题

1998 年起，联想电脑公司就开始建设“联想 1 +1”特许专卖店体系。经过一段时间的建设，“联想 1 +1 专卖店”逐渐落户到 20 多个城市，建成 60 多家特许店。并计划将这一数字更新为覆盖到全国 26 个城市，特许店数目达到 102 家。联想电脑公司消费市场本部专卖店发展处的王刚经理表示：特许经营将成为主流。

为什么要建设特许专卖店体系?

随着电脑步入家庭，联想电脑产品也分为商用电脑和“联想 1 +1”家用电脑两大类。联想认为，现在家用电脑的销售，或采用委托代理制，或通过大型百货商场零售代销，并不真正适合家庭用户。电脑的科技含量较高，使用和维护都有一定的难度，商场销售人员无法满足家庭用户对专业化服务的需求。因此，联想针对家庭用户建立全新的专卖店体系。

由代理制转变为特许经营是市场的选择。王刚经理介绍说，“原来在一条街上，就会出现代理商无序竞争的现象，不利联想品牌的树立。采用特许经营的方式，可以提高整体竞争力，实现对品牌、管理经验的整合，产生‘大联想’的品牌效应。”

特许经营是一种强调“双赢”的竞争模式，这就要求特许者与被特许者建立并保持良好的关系，这不仅可以使经营更加愉快，也可以使整个网络牢固而有力。因此，如何选择理想的加盟者是非常重要的。

目前的“联想 1 +1 专卖店”，绝大部分是由原代理商转变而来的，他们与联想合作多年，在管理、企业文化等方面有一定的认同。公司对这些代理商更是“知根知底”，对他们的信用程度有多年的记录，这为联想构建特许经营体系打下了良好的基础。

- **管理特许店不容易**

王刚经理认为，管理特许店要比管理代理商难。对于代理商，只需在年初定下代理协议，就可以坐等收成了，一年之中的接触也就是两三次。但是特许店的管理则是多层次、多方面的。

“联想 1 +1 专卖店”要做到六个统一：即统一产品及价格、统一理念、统一布局，统一形象、统一管理和统一服务，这也是特许经营的基本特征所在。为了达到这“六个统一”，公司对专卖店的管理要从店长渗透到员工，从小处做起，并要着眼大局。

由于特许经营在国内的发展还处于起步阶段，因此，观念的转变是重要而艰难的。比如受许方还没有认识到自己是“出资者”。一些投资者参与经营管理的意识很强，甚至到店里来打扫卫生也觉得很高兴。

王经理认为，建立特许经营体系，要按不同的阶段进行，每个阶段的重点是不一样的，比如，第一阶段是建设，在运行过程中会不断发现问题，然后再强化管理，这样螺旋上升，不断提高管理的水平。

“倒空杯子里的水，以小学生的心态来学习”，对于特许经营体系的建立与管理要多借鉴成功经验，并尽可能得到专业咨询公司的支持，少走弯路，少交学费。

（资料来源：http：//www. docin. com/p－602221629. html。）

问题：

1. 什么是特许经营？联想集团为什么要建立特许经营体系？
2. 联想集团建立特许经营体系的经历对我们有何启示？

任务3
影响业态变化的主要因素分析

一、背景

伴随着市场经济的发展，人们的消费观念以及消费方式发生了巨大的变化。在这种变化下，促进了营销业态的快速发展。超大型超级市场、大型购物中心、便利店、仓储式商店以及无店铺经营等营销业态不断涌现，是营销事业发展的结果。

几十年来，国内外营销业态尤其是零售业态的变化，以及伴随着企业的兴衰，引起了学者和企业家的高度关注。通过逐一研究这些业态，分析引起业态变化的因素，有助于企业在营销过程中最大限度地利用业态所体现的经营方式，以便完善相关制度，利用新业态，提高企业的市场竞争力。

国内外学者对业态的变化主要通过零售经营业态的变迁来进行研究的。这是由于零售业态的变化最具有代表性，整个业态的变化过程都是伴随着零售业的发展而不断变化的。

二、学习目标

1. 掌握影响业态变化的因素。
2. 熟悉零售业态变化的相关理论。
3. 了解国内外零售业态的变化。

三、基础知识

（一）国外零售业业态的变化

国外零售业业态的变化发展主要经历了四个阶段，或者我们可以说为四次业态变迁革命。

1. 第一阶段：以百货商店为代表的零售业态，学术界称之为“现代商业的第一次革命”，可见意义的重要性。不同于传统的零售店或杂品店，百货商店实行综合经营，同时经营若干系列的商品，规模较之传统零售店要大许多，实现经营的分工与合作。由企业统一计划和组织管理，因此这些改革对于当时传统的零售店来说是一次质的飞跃。

2. 第二阶段：以超级市场为代表的零售业态，超级市场的出现标志着零售革命的爆发。对商品流通业以及整个社会的变化带来重大的影响。开架自选、一次性结算等方式的革新，极大地促进了零售业的发展。

3. 第三阶段：以购物中心、专卖店、仓储商店为代表的零售业态。随着社会经济的发展以及人们消费方式的改变，消费的需求出现差异化，随之出现了各种针对不同消费群体的零售业态。购物中心规模大，把购物、娱乐、餐饮、休闲等于一体的消费场所，全面满足了消费者的需求；仓储店以及折扣店主要是吸引了那些对价格敏感的消费群体；专卖店主要针对品牌忠诚度高的消费群体。

4. 第四阶段：以无店铺为代表的零售业态。随着电子技术以及计算机的广泛应用，尤其是电子商务，可以说是无店铺销售的集大成者。无店铺的零售业态极大地方便了消费者购买商品。

总的来说，零售业态的变化与当时的市场经济的发展以及科学进步是相适应的，当经济发展到一定阶段，必然会引起工业生产和消费需求的变化，从而导致零售业态的变化。

（二）国内零售业业态的变化

国内零售业业态的变化主要受社会主义经济体制的确立以及市场供求变化的影响确定的。总体上看，我国的零售业业态变化可以分为两个阶段：

1. 第一阶段：从1949年到改革开放前夕。这段时间我国主要实行计划经济，社会生产力水平低下，供需矛盾较为突出。百货商店承担着计划经济体制下商品流通的主渠道，大大小小百货商店的主要任务是保障供给，市场也不存在竞争关系，也不会反映出消费者需求。这段时期百货商店成为国内的主要零售业态。

2. 第二阶段：改革开放至今。随着社会主义市场经济的确立，国门打开，市场引入竞争机制，国人开始接受国外新兴的零售业态。中国零售业态发生了根本性的改变，并同时涌现出多种新兴零售业态。中国零售业以多种零售业态共同发展、相互竞争，推动了市场经济的快速发展。

（三）零售业态变化的相关理论

对零售业态变化相关理论的介绍和分析，可以帮助我们进一步了解零售业的发展趋势，零售业态变化的相关理论包括：

1. 零售生命周期理论。零售生命周期理论最早是由美国的戴维·索尼特尔提出的，其概念来源于产品生命周期的相关理论。该理论认为零售业态也和产品一样也会经历导入期、成长期、成熟期、衰退期四个阶段。每个阶段，零售业态都会表现出不同的特征。导入期是零售业态出现的阶段，新业态的零售企业具有较大优势，市场竞争者较少，市场占有率迅速增长；成长期的市场份额和收益率显著提高，市场出现大批的模仿者；成熟期市场竞争激烈，市场份额和收益率相对稳定；衰退期市场份额快速收缩，另一种新的业态开始产生。值得注意的是，零售生命周期理论对早期的业态解释比较合理，但对现代零售业态结构的解释不够清晰，尤其是现代市场上几种业态同时存在，并能满足不同消费群体的需求，所以零售生命周期理论可以理解为对旧业态的完善以及延续而不是替代。

2. 零售转轮理论。零售转轮理论是由美国哈佛教授麦克奈尔提出来的。这种理论认为一种新的零售业态往往都从低价格、低利润开始的，以此提高市场的占有率；然后模仿者大量采用，这种低价格、低利润已较难成为有效的差异化手段，于是改善经营环境，增加销售服务，扩大销售范围，最终导致经营成本的增加，竞争力下降，最后被运营成本更低的竞争者取代。零售车轮再次转动。零售转轮理论应用范围比较广泛，其他服务性企业和生产企业同样适用，围绕着价格、利润、成本不断地轮回。

3. 零售自然选择理论。零售自然选择理论也可以称为适者生存理论，由美国学者吉斯特和德雷斯曼最先提出。这种理论认为零售业态的产生与发展必须和社会经济环境，如与技术、法律、消费者行为相适应，适应社会经济环境的零售环境就能生存下来，不适应环境变化的就会被淘汰。此理论根据达尔文的“适者生存”理论而来的，但这种理论可以解释不同环境下不同的零售业态的发展，但无法说明同一环境下不同零售业态并存的现象。

4. 辩证过程论。辩证过程论也可称为正反合理论，是由美国学者沙里等人提出的。该理论参照正、反、合辩证理论，认为所谓的“正”指既有的零售业态，“反”指的是现存零售业态的对立面，“合”即“正”与“反”的统一或合成，也就是说既存的零售业态与多对立的零售业态，相互取长补短，形成一种新的零售业态。如“高价格”、“高毛利”的百货店，这种业态的对立面是“低价格”、“低毛利”的折扣店，而两者“合”在一起形成新的零售业态——折扣百货店。

5. 手风琴理论。零售手风琴理论也可以成为综合化与专业化循环理论，由豪尔和霍兰德最先提出来。这种理论认为零售业态的变化由综合化到专业化再到综合化的循环过程，如同拉手风琴一宽一窄地循环变化。

关于零售业态变化的理论还有如零售开放系统理论等，这些理论都是从侧面对零售业态的变化进行解释，在一定的情况下具有合理性，但都存在着不同程度的局限性。随着市场经济的高速发展，零售业态的内涵也更加广泛，这就要求不断对理论进行研究与创新，将各种理论结合起来，形成一套完整的理论体系。

（四）影响业态变化的主要因素

纵观国内外零售业态的发展，其影响业态变化的因素非常多。总的来说可以概括为两类，宏观环境因素和微观环境因素。宏观环境因素是指间接影响、不可控制但应尽量去适应的因素，主要包括政治法律、经济、人口、科技等。微观环境因素是指直接影响企业经营活动的各种因素，包括竞争、消费者、企业自身因素等。

1. 宏观环境。

（1）政治法律因素。政治法律因素是指企业进行经营活动时所面临的外部政治法律条件，包括国家的政策、方针、法律、法规等。经营业态的变化必然受到外部政治法律环境的影响，一个国家或地区的方针、政策为企业的经营活动提供方向，尤其是经济政策的变动，如某一区域的商业规划等对经营业态会有较大的影响。

（2）经济因素。一个国家或地区的经济发展水平是业态变化研究的基础。主要表现在两个方面：一方面经济发展水平直接影响消费者的收入水平，消费者收入的多少直接影响购买力的高低，也就直接影响其消费结构。如超市是在人均收入为 500 ~ 1000 美元的基础上产生的，便利店在人均收入为 1000 ~ 3000 美元的基础上产生的。另一方面经济发展水平的提高使得交通与信息通讯技术的提高，促进了社会服务机构的完善，其结果为推动业态的变革做好了充分的准备。

（3）人口因素。在一定收入水平下，人口的总量决定了市场容量的大小。人口是影响企业业态变化的重要因素。随着城镇化的推进，导致人口的大量聚集，不同的人对消费存在着明显的需求差异。一个企业选择怎样的经营业态，应根据当地人口的总量、人口结构、人口的消费水平等来决定。

（4）科技因素。“科技是第一生产力”的作用越来越明显，科技的发展日新月异，推动企业发展的同时，对业态的变化也产生了非常重大的影响。尤其是交通运输业、电子通讯和计算机技术的发展，为业态的变化提供了技术基础。以电子商务为代表的无店铺业态正在推动着各行业的变革。

2. 微观环境。

（1）竞争因素。在市场经济中，每个企业都会面临着各种各样的竞争。正是由于有了竞争才会迫使企业在经营上有所改进和创新，包括业态的选择、经营管理、技术、人才等方面。企业经营以满足消费者的需求为出发点，寻求竞争优势，不断地进行业态的调整或改进，甚至以全新的业态满足消费的需求。如企业在进行经营活动时，一方面考虑消费者对品牌的追求，另一方面考虑消费者对价格的敏感性。退出品牌折扣店或工厂店的改进业态，最大限度地满足了消费者的需求。

（2）消费者因素。消费者是企业经营的源泉，是营销活动的起点，也是终点，是企业最为重要的因素。企业经营业态的变化必须紧紧围绕着消费者进行。充分地了解消费的需求，对需求的差异进行分析，才能选择正确的经营业态，满足顾客的需求。从业态上满足消费的需求变化，当消费需求变化小时，可在原来业态的基础上进行调整；当需求变化大时，就会促使新的业态的产生。如百货店的出现，满足了消费者一次性购买和挑选方式多的需求；超市的出现，满足消费者自行服务、一次性购买、结算方便、价格低廉的需求；专卖店的出现满足了消费者对品牌的追求；无店铺的出现最大限度地方便了消费者进行购物。只有经营的业态适应了市场需求，才能使该种业态得以继续发展；反之，就会被淘汰。

（3）企业自身因素。企业自身因素主要包括企业内部的经营管理、技术、人员、经营策略等各个方面。这些因素直接影响了企业的经营活动，对企业经营业态也会产生一定的影响，尤其在经营管理和经营策略上，对企业经营业态的变化有直接的影响。如华润万家最开始以大型超级市场的业态进行经营，后来随着经营策略的变化，开始走向了社区超市，以此不断扩大市场份额。

四、学习资源

1. 中国经济信息网。
2. 中国连锁经营协会网。
3. 《中国连锁零售企业经营状况分析报告（2013—2014）》。

五、训练

（一）名词解释

1. 宏观环境因素
2. 微观环境因素

（二）单项选择题

1. 在业态变化中，(　　)最具有代表性。

A. 零售业态　　B. 批发业态

C. 生产业态　　D. 供应业态

2. 国外零售业态的变化，分为(　　)个阶段。

A. 三　　B. 四

C. 五　　D. 六

3. 国外零售业态在第一阶段以(　　)为代表。

A. 超级市场　　B. 购物中心

C. 便利店　　D. 百货商店

4. 国外零售业态在第二阶段以(　　)为代表。

A. 超级市场　　B. 购物中心

C. 便利店　　D. 百货商店

5. 总的来说，国内零售业态经历了(　　)个阶段。

A. 二　　B. 三

C. 四　　D. 五

6. 国内零售业态在第一阶段以(　　)为主。

A. 超级市场　　B. 购物中心

C. 便利店　　D. 百货商店

7. 国内零售业态在第二阶段以(　　)为主。
A. 超级市场　　B. 购物中心
C. 便利店　　D. 多种零售业态同时出现
8. (　　)认为零售业态和产品一样会经历导入期、成长期、成熟期、衰退期。
A. 零售转轮理论　　B. 生命周期理论
C. 零售自然选择理论　　D. 辩证过程论
9. 零售自然选择理论认为零售业态的产生与发展必须和(　　)相适应的。
A. 销售方式　　B. 管理形式
C. 消费者需求　　D. 社会经济环境
10. 辩证过程论也可称为(　　)。
A. 正反合理论　　B. 正反理论
C. 适者生存理论　　D. 专业化循环理论
11. 辩证过程论中所谓的“正”指的是(　　)。
A. 传统零售业态　　B. 既有的零售业态
C. 既有零售业态的对立面　　D. 多种业态的融合
12. 宏观环境因素指间接影响、(　　)、应尽量去适应的因素。
A. 可控制　　B. 不可控制
C. 可操作　　D. 不可辨别
13. (　　)是业态变化的研究基础。
A. 经济发展水平　　B. 人口总量
C. 政治法律　　D. 科技
14. 被称为“现代商业的第一次革命”指的是(　　)。
A. 以百货商店为代表的零售业态
B. 以超级市场为代表的零售业态
C. 以购物中心、便利店、专卖店为代表的零售业态
D. 以无店铺为代表的零售业态
15. 企业自身因素属于影响业态变化的(　　)。
A. 宏观因素　　B. 经济因素
C. 科技因素　　D. 微观因素

(三) 多项选择题

1. 国外零售业态变化的第三个阶段主要以(　　)为代表。
A. 购物中心　　B. 专卖店
C. 仓储商店　　D. 百货商店
E. 超级市场
2. 影响业态变化的宏观因素包括(　　)。
A. 政治法律因素　　B. 经济因素
C. 人口因素　　D. 科技因素

E. 竞争因素

3. 影响业态变化的微观因素包括(　　)。

A. 科技因素　　B. 竞争因素

C. 消费者因素　　D. 企业自身因素

E. 经济因素

4. 影响业态变化的因素非常多，总的来说可以分为(　　)。

A. 宏观环境因素　　B. 市场因素

C. 人口因素　　D. 微观环境因素

E. 科技因素

5. 零售业态变化的相关理论包括(　　)。

A. 零售生命周期理论　　B. 零售转轮理论

C. 零售自然选择理论　　D. 辩证过程论

E. 手风琴理论

(四) 判断题

1. 中国的零售业态的变化与国外所经历的一样。　(　　)
2. 国外的零售业态在第二阶段主要是以无店铺业态为主的。　(　　)
3. 生命周期理论认为业态的变化和产品生命周期一样。　(　　)
4. 手风琴理论认为零售业态的变化由综合化到专业化再到综合化的循环过程。　(　　)
5. 目前，关于零售业态的理论已经有一个非常完善的理论体系，不需要再进行研究。　(　　)

(五) 简答题

1. 简要说出国外零售业业态的变化。
2. 影响业态变化的主要因素。

(六) 分析题

山姆·沃特1945年开创的沃尔玛公司是至今为止全球规模最大的零售公司，是超市行业的代表。沃尔玛经历了多次业态变迁和穿越了多次经济危机，屹立不倒、不断壮大，是我们研究的标杆。沃尔玛的业态经历了由杂货店到折扣零售店，到购物广场，到购物广场与仓储俱乐部、社区店、便利店、电子商务等多业态共同发展的几次变革。购物广场是其折扣零售业态的升级，也是其超市业态的代表，前后经历了40余年的发展，是沃尔玛快速增长期的主要贡献业态。目前沃尔玛致力于通过社区媒体化挖掘消费者需求、线上线下多种业态相结合的业态拓展。

1945年山姆·沃特在阿肯色州的小城镇Newport开了他自己的第一家BenFranklin特许经营杂货店（曾经又被称为“五分钱商店”或“一角钱商店”）。1945—1962年，山姆和他的弟弟巴德开了15家这种类型的杂货店，奠定了沃尔玛连锁店的基础。沃尔玛的第一家折扣店于1962年在阿肯色州的Rogers开业，70年代初期，沃尔玛折扣店分为36个商品部门，包括服饰、家居、健康和美容用品、五金器具等，是当地社区最大的非食品零售商店。20世纪80年代末产生了购物广场业态，成为折扣零售的延续，沃尔玛的折扣店不断被改造成沃尔玛购物广场。从1996年起折扣零售业态的门店数量开始呈现负增长。

2004年沃尔玛购物广场数量超过折扣店数量。2011年第二季度，沃尔玛在阿肯色州开设了第一家沃尔玛便利店（Walmart Express），到2012年5月，共开设了10家便利店。

2010年沃尔玛成立了全球电子商务总部，进行全球电子商务战略的统筹规划与开发技术和应用平台。沃尔玛在已经进入的15个国家中建立了在线商品展示，来满足各个市场的顾客多渠道购物需求。在英国的食品杂货和家居购物网站ASDA. com，为全英国97%的顾客服务；巴西和中国是电子商务业务未来发展的重点，2012年控股了中国的1号店。

（资料来源：http：//xueqiu. com/4043855103/22082323。）

问题：

1. 影响业态变化的因素？
2. 结合案例，说说沃尔玛经历业态变化的过程？

项目三
3 连锁经营的组织结构

所谓组织结构，就是组织内部对工作的正式安排。

组织结构的概念有广义和狭义之分。**狭义的组织结构，**是指为了实现组织的目标，在组织理论指导下，经过组织设计形成的组织内部各个部门、各个层次之间固定的排列方式，即组织内部的构成方式。**广义的组织结构，**除了包含狭义的组织结构内容外，还包括组织之间的相互关系类型，如专业化协作、经济联合体、企业集团等。

本项目主要针对连锁经营的一般组织结构、组织结构的基本功能、总部、店铺的组织结构进行描述。

任务1
连锁经营的一般组织结构

一、背景

20世纪40年代后期，工业化国家大多数生产领域的企业组织结构从工作专门化分工，逐步完善组织结构设计，而通过工作专门化完成任务细分之后，就需要按照类别对它们进行分组以便使共同的工作可以进行协调。工作分类的基础是部门化，例如，钢铁生产企业组织结构可分成铸造部、锻压部、制管部、成品部、检验包装运输部等。

企业有一个合理的组织结构，可以提高工作效率，提升管理水平，调动和激励员工的积极性。因此，企业的一般组织结构可依据工作专门化、部门化、命令链、控制跨度、集权与分权、正规化等要求来构建。

二、学习目标

1. 掌握连锁经营一般组织结构的特点。

2. 理解连锁经营一般组织结构的构成。

3. 了解连锁经营一般组织结构的划分。

三、基础知识

（一）连锁经营的组织结构定义及特点

一般来说，连锁经营的组织结构由总部、配送中心或者中心厨房、连锁分店三大部分构成。较小的连锁经营企业也可以不设立配送中心，只由总部和连锁分店构成。

连锁经营的组织结构主要具有以下特点：

1. 扁平化。纵向命令阶层减少，效率提高，成本降低。

2. 专业化。横向专业部门增加，分工加强，责任明确。

3. 教育培训功能加强。培训职能部门作用加强。

（二）连锁经营组织结构的构成

1. 总部。领导层和决策层，属于决策后勤作业单位。通过总部的标准化、专业化、集中化管理使门店的作业简单化、高效化。

2. 门店。连锁经营的基础，承担具体的销售功能。

3. 配送中心。物流机构，是连锁经营成功的保证。

直营连锁，总部与分店是上下级关系；加盟连锁、自由连锁，总部与分店之间是经济合同关系，法律关系平等，在业务上是合作关系，运营上市指导和被指导的关系。

（三）连锁经营组织构架的内容

企业组织架构包含三个方面的内容：

1. 单位、部门和岗位的设置。企业组织单位、部门和岗位的设置，不是把一个企业组织分成几个部分，而是企业作为一个服务于特定目标的组织，必须由几个相应的部分构成，就像人要走路就需要脚一样。它不是由整体到部分进行分割，而是整体为了达到特定目标，必须有不同的部分。这种关系不能倒置。

各个单位、部门和岗位的职责、权力的界定。这是对各个部分的目标功能作用的界定。如果一定的构成部分，没有不可或缺的目标功能作用，就像人的尾巴一样会萎缩消失。这种界定就是一种分工，但却是一种有机体内部的分工。嘴巴可以吃饭，也可以用于呼吸。

2. 单位、部门和岗位角色相互之间关系的界定。这就是界定各个部分在发挥作用时，彼此如何协调、配合、补充、替代的关系。这四个问题是紧密联系在一起的，在解决第一个问题的同时，实际上就已经解决了后面三个问题。但作为一大项工作，四者存在着一种彼此承接的关系。我们要对组织架构进行规范分析，其重点是第一个问题，后面三个问题是对第一个问题的进一步展开。

3. 企业组织架构设计规范。对于这个问题，如果没有一个组织架构设计规范分析工具，就会陷入众说纷纭、莫衷一是的境地。我们讲企业组织架构设计规范化，也就是要达到企业内部系统功能完备、子系统功能担负分配合理、系统功能部门及岗位权责匹配、管理跨度合理四个标准。

（四）连锁经营组织结构的划分

1. 按管理职能划分：经理部、人力资源部、财务部、企划部、IT 部、公关部、采购部、质检部。

2. 按经营过程划分：采购、营运、检验、销售。

3. 按经营商品划分：食品部、百货部、五金部、服装部。

4. 按服务对象划分：妇女用品部、儿童用品部、中老年服装部。

（五）连锁经营组织结构设计的要求

管理者在进行组织结构设计时，必须考虑六个关键因素：工作专门化、部门化、命令链、控制跨度、集权与分权、正规化。

1. 工作专门化。20 世纪 40 年代后期，工业化国家大多数生产领域的工作都是通过工作专门化来完成的。工作专门化是指一个人不是完成一项工作的全部，需通过工作专门化，分解成若干步骤，每一步骤由一个人独立去做。如果所有的员工都参与组织制造过程的每一个步骤，那么，就要求所有的人不仅具备完成最复杂的任务所需要的技能，而且具备完成最简单的任务所需要的技能，这无疑是人力资源的浪费。

工作专门化有助于提高效率和生产率。例如，在麦当劳快餐店，管理人员们运用工作专门化来提高生产和售卖汉堡包、炸鸡的效率。

2. 部门化。工作分类的基础是部门化。对工作活动进行分类主要是根据活动的职能，工作任务可以根据组织生产的产品类型进行部门化，比如，一个财会服务公司设有税务部门、管理咨询部门、审计部等等，每个部门都会在一个产品或服务经理的指导下，提供一系列服务项目。

3. 命令链。命令链是组织设计的基础，表现为一种不间断的命令畅通路线。从组织最高层到最基层，回答："我有问题时，去找谁?""我对谁负责?"随着计算机技术的发展，命令链可借助计算机完成，使得命令更加快速高效。

4. 控制跨度。组织结构的控制跨度的问题非常重要，因为在很大程度上，它决定着组织要设置多少层次，配备多少管理人员。在其他条件相同时，控制跨度越宽，组织效率越高。控制跨度窄的主要好处是把控制跨度保持在 5 ~ 6 人，管理者就可以对员工实行严密的控制。

5. 集权与分权。集权化是指组织中的决策权集中的程度。一般来讲，如果组织的高层管理者不考虑或很少考虑基层人员的意见就决定组织的主要事宜，则这个组织的集权化程度较高。相反，基层人员参与程度越高，或他们能够自主地做出决策，组织的分权化程度就越高。集权式与分权式组织在本质上是不同的。在分权式组织中，采取行动、解决问题的速度较快，更多的人为决策提供建议。

6. 正规化。正规化是指组织中的工作实行标准化的程度。如果一种工作的正规化程度较高，就意味着做这项工作的人对工作内容、工作时间、工作手段没有多大自主权。人们总是期望员工以同样的方式投入工作，能够保证稳定一致的产出结果。在高度正规化的组织中，有明确的工作说明书，有繁杂的组织规章制度，对于工作过程有详尽的规定。

四、学习资源

1. 杨顺勇：《连锁经营管理》，复旦大学出版社2008年版。
2. 《2013—2017年中国直营连锁深度调研与投资战略规划分析报告》。

五、训练

（一）名词解释

1. 工作专门化
2. 集权与分权
3. 工作正规化

（二）单项选择题

1. 连锁经营的基础是（　　）。
   A. 总部　　B. 门店
   C. 配送中心　　D. 物流公司
2. 工作分类的基础是（　　）。
   A. 部门化　　B. 正规化
   C. 扁平化　　D. 集权化
3. 对工作活动进行分类主要是根据（　　）。
   A. 活动内容　　B. 活动方法
   C. 活动职能　　D. 活动目的
4. 组织设计的基础是（　　）。
   A. 命令链　　B. 职能链
   C. 流程链　　D. 物流链
5. 控制跨度与组织效率之间的关系（　　）。
   A. 正相关　　B. 负相关
   C. 偶然关系　　D. 以上都不正确

（三）多项选择题

1. 连锁经营组织结构按经营过程划分，可分为（　　）。
   A. 采购　　B. 营运
   C. 检验　　D. 销售
2. 连锁经营组织结构按服务对象划分，可分为（　　）。
   A. 妇女用品部　　B. 儿童用品部
   C. 中老年服装部　　D. 电商部
3. 企业组织架构设计规范化的标准包括（　　）。
   A. 企业内部系统功能完备　　B. 子系统功能担负分配合理
   C. 系统功能部门及岗位权责匹配　　D. 管理跨度合理

（四）判断题

1. 领导层和决策层，属于决策后勤作业单位。（　　）
2. 门店是连锁经营的基础，承担具体的销售功能。（　　）
3. 加盟连锁、自由连锁、总部与分店之间是经济合同关系，但法律关系不平等。（　　）
4. 在集权式组织中，采取行动、解决问题的速度较快，更多的人是为决策提供建议。（　　）
5. 命令链决定着组织要设置多少层次，配备多少管理人员。（　　）

（五）简答题

1. 企业组织架构包含哪三个方面的内容?
2. 连锁经营组织结构的构成是什么?

（六）分析题

海尔集团的成功

一个亏损 147 万元的小厂，数年之后成为一个国际知名的大型企业集团，年销售额从 1984 年的 384 万元到 2001 年的 600 亿元，业绩增长了 1 万多倍，并保持年 80% 的平均增长速度。并且在美国、欧洲、亚太及中东建立了生产、销售中心。

海尔的成功之路堪称中国企业发展史上一个罕见的成功案例。那么，海尔为什么如此成功? 海尔 25 年来的发展，经历了四次重大的战略转变期，分别是：（1）名牌战略阶段（1984—1991 年）；（2）多元化战略阶段（1992—1998 年）；（3）国际化战略阶段（1998—2005 年）；（4）全球化品牌战略阶段（2006 年至今）。每一次成功的战略调整需要的是有效合理的组织结构调整作支撑。

名牌战略阶段（1984—1991 年）：海尔的名牌之路始于质量管理，其采取日清管理法，就是对每人、每天做的事进行控制和清理，使整个质量保证是优质。在保证产品质量的同时，时刻关注员工素质及消费者偏好。在此期间，始终只做冰箱一种产品。这一时期的组织结构注重各职能划分，体现集权思想，所以主要还是直线—职能制组织模式。

多元化战略阶段（1992—1998 年）：1992 年，在邓小平南方讲话鼓舞下，海尔转向多样化发展战略。以吃休克鱼、海尔管理模式、低成本扩张方式，迅速构建起国际化大公司的规模。为适合多元化企业战略要求，海尔在武汉、重庆等地建立工业园，建立以产品为基础的事业部制结构。总部负责集中筹划集团发展目标，各分部负责相应区域产品的生产、销售，实行独立经营、独立核算。总部与分部间权责明确，体现权力的下放，组织结构不断趋向于扁平化。

国际化战略阶段（1998—2005 年）：作为中国企业国际化先行者，海尔“国际化即本土化”的做法是，当地设计、当地制造、当地销售，以及当地融资、当地融智。这一阶段的企业组织结构形式是事业分部数量的增加，企业组织结构更加趋向于扁平化、网络化、多样化。

全球化品牌战略阶段（2006 年至今）：2006 年，海尔把“全球化品牌战略”作为自己新的战略方向。品牌不光是质量保证，同时需满足消费者差异化需求及个性化服务需求，为此海尔选择以市场链为基础面向顾客需求的生产流程再造，并确立相应报酬激励制度，以提高企业活力。在“零库存”以及“差异化生产服务”思想下，体现企业组织结构的柔性化、多样化、网络化（海尔成功案例来自：wenku. baidu. com）。

问题：

1. 海尔集团在不同的战略阶段都采取了哪些与之相适应的组织结构？
2. 海尔集团企业组织结构在企业战略以及外部环境双重影响下做了哪些调整？

任务 2
组织结构的基本功能

一、背景

每个连锁店都是连锁公司营运链上的一环，分散的各个连锁销售系统，在连锁运行集中统一的管控下达到集中，集中经营形成连锁经营的规模经济，分散销售带来了经济效益。因此，集中经营的目的是为了分散销售，分散销售的结果形成了集中的效益。分散的连锁店是一个单独的营销服务单位，在总部经营决策下能动地发挥自身的功能，广泛地接触消费者，犹如巨大章鱼的触角，担负着连锁经营商品销售的末端服务，又担负着连锁经营商业信息始端来源。

连锁经营组织结构的精髓在于处理好分散和集中的辩证关系，分散而不乱，集中而不死，是连锁经营过程中需要贯彻的思想方法，并在运行中不断加以调整。

二、学习目标

1. 掌握连锁经营组织结构的基本功能。
2. 理解连锁经营组织结构的内涵。

三、基础知识

（一）连锁经营组织结构的内涵

连锁经营组织结构的内涵在于发挥连锁经营的物流管理优势：

1. 连锁经营物流的系统化。**连锁经营物流系统是由采购、仓储、流通加工、装卸、配送和信息处理六个功能构成**，这些功能相互作用、相互联系、相互制约，它们各自特定的功能有机地结合起来、协调运行、共同产生出新的总功能，这个总功能再去协调各个子系统，从而使各子系统在相互联系、相互影响、相互制约中保持协调一致，在发挥各自特定功能的基础上形成系统的总功能，实现商品的流动。

2. 连锁经营物流的合理化。连锁经营物流的系统化是其物流合理化的基础，而物流合理化则是整个连锁经营物流管理所追求的目标。首先，物流合理化可以降低物流费用，减少商品销售成本。其次，物流合理化可以压缩库存，减少流动资金的占用，更为重要的是，通过物流可以提高企业的管理水平。

3. 连锁经营物流的标准化。物流是一个大系统，这样一个大系统的管理是非常复杂的，系统的统一性、一致性和系统内部各环节的有关联系是系统能否生存的首要条件。标准化是物流管理的重要手段，物流标准化能加快流通速度，保证物流环节，降低物流成本，从而较大地提高经济效益。

4. 连锁经营的核心——配送中心。配送是指以客户的需求为先导，围绕商品组配与送货而展开的接受订货、预先备货、分拣加工、配货装货、准时送货通货等一系列服务工作的总称。配送中心是承担物流专业化管理职能的组织机构，它是连锁经营的核心。这是因为连锁经营的集中化、统一化管理在很大程度上是靠配送中心来具体实施的，通过配送中心的作业活动，不仅可以简化门店的活动，从而降低连锁企业的物流总费用，而且还能实现商品在流通领域中的增值，并向门店提供增值服务。

（二）连锁经营组织结构的基本功能

1. 经营管理的分散和集中。连锁经营实现的是分散销售，由于实行集中经营，因此一般连锁店实行无差别销售，但由于店铺的地理位置、设备配置、员工组合、业务水平等不同而在销售上产生差别，又由于管理水平、人员素质、工作质量、责任性等不同而在费用上产生差别，这些差别可能还很大，这是分散经营必然会产生的区别。因此，作为连锁公司难以准确区分各个单店在客观条件和环境上的不同，即使努力区分不同单店的各个不同情况，给予切合实际的销售费用指标，也难以达到科学、准确，反而会造成新的差别。作为以盈利为目的的连锁公司，对众多连锁店实施集中的管理，将复杂的分散差别因素简单化，以达到尽量提高单店人均销售额或单位营业面积销售额，降低单店人均费用或单位营业面积费用。根据不同单店的经营管理条件大类差异，确定单店的不同作业等级，制定不同的销售管理定额体系，配合分配激励机制，解决分散经营的差别，促使各个单店低成本、高销售运行，为连锁公司提供更多的效益。

2. 资源管理的分散和集中。连锁店的经营权和所有权分离，由各连锁店使用连锁公司的有形资源，展开分散营销，各个连锁店所使用的有形资源，如经营场地、经营设备、材料物资、货币资金、库存商品等都属连锁公司所有，连锁公司正是运用这些有形资源来创造经营利润。由于连锁经营的分散营销特点，公司对使用各种有形资源的连锁店加强集中管理是必要的，连锁公司设置专业部门对其下属的连锁店所拥有的资源进行专业管理，并运用一系列的管理制度将管理的职责、范围、奖惩、方法等落实到人，实行分层责任管理，保证公司有形资源得以正常地使用和管理。有形资源数量多、金额大是连锁公司必须加强集中管理的一个重要方面。

3. 整合共享的分散和集中。**整合**，可理解为连锁经营为消费者提供标准化的商品和服务，为消费者建立一个统一的消费模式，规范了消费行为和商业服务，简化了消费者选择和购买的过程，提高了商品生产和流通的合理性。**共享**，可理解为各连锁店在经营有形资源的同时共享连锁公司的无形资源，同时又在创造公司的无形资源，从而进一步共享共同创造的更新内涵的公司无形资源。

在分散大批量销售支持下，连锁公司对制造商、供应商和中间商具有整合效应，迫使他们按市场消费口味和连锁经营的要求进行产品开发和设计，并优惠提供商品价格和供应服务，形成以消费为导向、工商配合的市场格局。

连锁公司的无形资源，是连锁经营的整合结晶，是连锁经营得以扩张的基础。连锁公司集中运用企业形象、广告宣传、技术服务，使每个连锁店得以降低费用支出而获得比一般独立企业更高的知名度，较易取得消费者信任，共享由此带来的效益。因此连锁公司对分散的连锁营销，用统一的质量标准、服务水平、价格准则、操作规范去指导、监督和控制下属连锁店的营销作业，提高经营行为的合理性，提高企业的组织化程度，提高销售和服务的数量和质量，从而提高公司整合的无形资源。因此，创造一个良好的企业形象不光是连锁公司的事，也是每个连锁店的事。

连锁经营的集中是依托众多分散营销的连锁店，使经营更加灵活、敏感、快捷，更多地获得了规模效应，通过销售分散化和经营集中化，把集中经营和分散销售、分散服务揉合起来，使连锁经营体现出地域优势、服务优势、规模优势和资源整合共享优势。

（三）连锁经营组织结构的设计原则

1. 统一指挥的原则。主要避免多头领导，责任不清。

2. 以工作为中心的原则。以工作为中心进行组织结构设计时，应有三条标准：第一，没有多余的管理环节，每个岗位必须有明确的工作任务；第二，部门划分粗细适当；第三，每个部门的人员配备与工作任务相适应，既不要人浮于事，又要保证任务完成。

3. 连锁经营的组织结构层次和管理幅度要适当。管理层次应采取适当的扁平化管理，适度的管理层次。

4. 对称原则。

5. 专业化组织设置原则。

四、学习资源

1. 《商业特许经营管理条例》。

2. 中国连锁经营协会网。

五、训练

（一）名词解释

1. 统一指挥的原则

2. 整合

3. 共享

4. 对称原则

5. 配送

（二）单项选择题

1. 因为连锁经营能实现专业化经营和分散化设点相结合，集中采购和分散销售相结合，从而能解决的矛盾是(　　)。

A. 规模经营与消费的分散性　　B. 规模经营与所有权的分散性

C. 集中经营与消费的分散性　　D. 集中经营与所有权的分散性

2. 自由连锁总部与分店的关系是(　　)。

A. 平等的合作关系　　B. 管理与被管理的关系

C. 协商与服务的关系　　D. 合同关系

3. 连锁企业中负责对连锁企业各门店的指导和监督工作的人员是(　　)。

A. 总经理　　B. 门店店长

C. 督导员　　D. 店长助理

4. 工作岗位是根据专业化分工原则，按(　　)划分而成的。

A. 工作需求　　B. 工作职能

C. 人员状况　　D. 总部要求

5. 连锁经营的集中是依托众多分散营销的连锁店，使经营更灵活、敏感、快捷，更多地获得了(　　)。

A. 规模效应　　B. 协同效应

C. 广告效应　　D. 以上都不正确

（三）多项选择题

1. 连锁企业组织结构设置的原则包括(　　)。

A. 对称原则　　B. 统一指挥原则

C. 统一协调原则　　D. 责权一致性原则

E. 以营销为中心

2. 连锁企业组织结构的内涵有(　　)。

A. 物流的合理化　　B. 直线职能型组织

C. 配送中心　　D. 物流的标准化

E. 物流的系统化

（四）判断题

1. 物流标准化能加快流通速度，保证物流环节，降低物流成本，从而较大地提高经济效益。(　　)

2. 配送是连锁经营的核心。(　　)

3. 连锁公司的无形资源，是连锁经营的整合结晶，是连锁经营得以扩张的基础。(　　)

4. 由于连锁经营的分散营销特点，公司对使用各种无形资源的连锁店加强集中管理是必要的。(　　)

5. 有形资源数量多、金额大是连锁公司必须加强集中管理的一个重要方面。 （ ）

（五）简答题

1. 连锁经营组织结构设计中，以工作为中心的原则的内容是什么？
2. 连锁经营物流的合理化与连锁经营物流的系统化之间的关系。

（六）分析题

企业组织形式的主要种类

1. 直线制。直线制是最早、也是最简单的一种组织形式。它的特点是企业各级行政单位从上到下实行垂直领导，下属部门只接受一个上级的指令，各级主管负责人对所属单位的一切问题负责。厂部不另设职能机构（可设职能人员协助主管人工作），一切管理职能基本上都由行政主管自己执行。直线制组织结构的优点是：结构比较简单，责任分明，命令统一。缺点是：它要求行政负责人通晓多种知识和技能，亲自处理各种业务。这在业务比较复杂、企业规模比较大的情况下，把所有管理职能都集中到最高主管一人身上，显然是难以胜任的。因此，直线制只适用于规模较小、生产技术比较简单的企业，对生产技术和经营管理比较复杂的企业并不适宜。

2. 职能制。职能制组织结构，是各级行政单位除主管负责人外，还相应地设立一些职能机构。如在厂长下面设立职能机构和人员，协助厂长从事职能管理工作。这种结构要求行政主管把相应的管理职责和权力交给相关的职能机构，各职能机构就有权在自己业务范围内向下级行政单位发号施令。因此，下级行政负责人除了接受上级行政主管人指挥外，还必须接受上级各职能机构的领导。

职能制的优点是能适应现代化工业企业生产技术比较复杂、管理工作比较精细的特点；能充分发挥职能机构的专业管理作用，减轻直线领导人员的工作负担。但缺点也很明显：它妨碍了必要的集中领导和统一指挥，形成了多头领导；不利于建立和健全各级行政负责人和职能科室的责任制，在中间管理层往往会出现有功大家抢，有过大家推的现象；另外，在上级行政领导和职能机构的指导和命令发生矛盾时，下级就无所适从，影响工作的正常进行，容易造成纪律松弛，生产管理秩序混乱。由于这种组织结构形式的明显缺陷，现代企业一般都不采用职能制。

3. 直线—职能制。直线—职能制，也叫生产区域制，或直线参谋制。它是在直线制和职能制的基础上，取长补短，吸取这两种形式的优点而建立起来的。目前，我们绝大多数企业都采用这种组织结构形式。这种组织结构形式是把企业管理机构和人员分为两类，一类是直线领导机构和人员，按命令统一原则对各级组织行使指挥权；另一类是职能机构和人员，按专业化原则，从事组织的各项职能管理工作。直线领导机构和人员在自己的职责范围内有一定的决定权和对所属下级的指挥权，并对自己部门的工作负全部责任。而职能机构和人员，则是直线指挥人员的参谋，不能对直接部门发号施令，只能进行业务指导。

直线—职能制的优点是：既保证了企业管理体系的集中统一，又可以在各级行政负责人的领导下，充分发挥各专业管理机构的作用。其缺点是：职能部门之间的协作和配合性较差，职能部门的许多工作要直接向上层领导报告请示才能处理，这一方面加重了上层领导的工作负担；另一方面也造成办事效率低。为了克服这些缺点，可以设立各种综合委员会，或建立各种会议制度，以协调各方面的工作，起到沟通作用，帮助高层领导出谋划策。

4. 事业部制。事业部制最早是由美国通用汽车公司总裁斯隆于 1924 年提出的，故有“斯隆模型”之称，也叫“联邦分权化”，是一种高度（层）集权下的分权管理体制。它适用于规模庞大、品种繁多、技术复杂的大型企业，是国外较大的联合公司所采用的一种组织形式，近几年我国一些大型企业集团或公司也引进了这种组织结构形式。事业部制是分级管理 、分级核算、自负盈亏的一种形式，即一个公司按地区或按产品类别分成若干个事业部，从产品的设计、原料采购、成本核算、产品制造，一直到产品销售，均由事业部及所属工厂负责，实行单独核算，独立经营，公司总部只保留人事决策、预算控制和监督大权，并通过利润等指标对事业部进行控制。也有的事业部只负责指挥和组织生产，不负责采购和销售，实行生产和供销分立，但这种事业部正在被产品事业部所取代。还有的事业部则按区域来划分。

5. 模拟分权制。这是一种介于直线—职能制和事业部制之间的结构形式。

许多大型企业，如连续生产的钢铁、化工企业，由于产品品种或生产工艺过程所限，难以分解成几个独立的事业部。又由于企业的规模庞大，以致高层管理者感到采用其他组织形态都不容易管理，这时就出现了模拟分权组织结构形式。所谓模拟，就是要模拟事业部制的独立经营，单独核算，而不是真正的事业部，实际上是一个个“生产单位”。这些生产单位有自己的职能机构，享有尽可能大的自主权，负有“模拟性”的盈亏责任，目的是要调动他们的生产经营积极性，达到改善企业生产经营管理的目的。需要指出的是，各生产单位由于生产上的连续性，很难将它们截然分开。就以连续生产的石油化工为例，甲单位生产出来的“产品”直接就成为乙生产单位的原料，这当中无需停顿和中转。因此，它们之间的经济核算，只能依据企业内部的价格，而不是市场价格，也就是说这些生产单位没有自己独立的外部市场，这也是与事业部的差别所在。

模拟分权制的优点除了调动各生产单位的积极性外，就是解决企业规模过大不易管理的问题。高层管理人员将部分权力分给生产单位，减少了自己的行政事务，从而把精力集中到战略问题上来。其缺点是，不易为模拟的生产单位明确任务，造成考核上的困难；各生产单位领导人不易了解企业的全貌，在信息沟通和决策权力方面也存在着明显的缺陷。

6. 矩阵制。在组织结构上，把既有按职能划分的垂直领导系统，又有按产品（项目）划分的横向领导关系的结构，称为矩阵组织结构。

矩阵制组织是为了改进直线职能制横向联系差、缺乏弹性的缺点而形成的一种组织形式。它的特点表现在围绕某项专门任务成立跨职能部门的专门机构上，例如，组成一个专门的产品（项目）小组去从事新产品开发工作，在研究、设计、试验、制造各个不同阶段，由有关部门派人参加，力图做到条块结合，以协调有关部门的活动，保证任务的完成。这种组织结构形式是固定的，人员却是变动的，需要谁，谁就来，任务完成后就可以离开。项目小组和负责人也是临时组织和委任的。任务完成后就解散，有关人员回原单位工作。因此，这种组织结构非常适合于横向协作和攻关项目。

矩阵结构的优点是：机动、灵活，可随项目的开发与结束进行组织或解散；由于这种结构是根据项目组织的，任务清楚，目的明确，各方面有专长的人都是有备而来。因此在新的工作小组里，能沟通、融合，能把自己的工作同整体工作联系在一起，为攻克难关、解决问题而献计献策，由于从各方面抽调来的人员有信任感、荣誉感，使他们增加了责任感，激发了工作热情，促进了项目的实现；它还加强了不同部门之间的配合和信息交流，克服了直线职能结构中各部门互相脱节的现象。

矩阵结构的缺点是：项目负责人的责任大于权力，因为参加项目的人员都来自不同部门，隶属关系仍在原单位，只是为“会战”而来，所以项目负责人对他们管理困难，没有足够的激励手段与惩治手段，这种人员上的双重管理是矩阵结构的先天缺陷；由于项目组成人员来自各个职能部门，当任务完成以后，仍要回原单位，因而容易产生临时观念，对工作有一定影响。

矩阵结构适用于一些重大攻关项目。企业可用来完成涉及面广的、临时性的、复杂的重大工程项目或管理改革任务。特别适用于以开发与实验为主的单位，例如科学研究，尤其是应用性研究单位等。

问题：

1. 通过学习上述材料，同学们根据自己对于连锁经营的理解，设计一套你理想中的组织结构。

2. 阐述自己设计组织结构的理由。

任务 3
总部、店铺的组织结构

一、背景

连锁经营方式“太平洋和大西洋茶叶公司”是1859年在美国产生。快速发展的资本主义经济，以及城市化和完全商品化、货币化的城市居民消费方式，客观上给美国商业企业的发展提供了广阔的市场空间和机会。

另外，当时美国的企业与消费者已经有了商品的品牌意识和商标保护意识。美国许多州也有了地方性的商标注册与保护法规。自然，商业企业的商号，也一定会成为消费者认知商业企业经营方式和服务质量的关键因素。

广阔的市场空间和商业机会在客观上诱导了美国当时的商业企业，以不断发展分店的途径来达到不断扩大市场占有率和实现商业扩张的目的；不断增强的品牌意识启发了某些商业企业家在发展分店时，按不断“克隆”同一种商号、同一种经营模式的方式来快速发展分店，达到减少市场投资风险，提高扩张分店的成功率的目的。这样，连锁经营方式的产生就从偶然到必然、从不成熟到逐渐成熟、从小规模到大规模的逐步发展起来。

归纳上面的分析，促使美国连锁经营方式的产生，是两个相互关联的原生性因素：一是，美国当时资本主义工业化和市场化经济的初期繁荣发展、城市化水平的快速提高和完全商品化、货币化的城市居民消费方式，造就了比较宽松的商业发展与扩张的市场环境。二是，美国的商标保护法规的初步建立与消费者品牌意识的形成，为广大消费者认知和接受以商号为代表的某些规范化、模式化的商业经营方式和服务质量，打下了思想意识基础。

二、学习目标

1. 掌握总部与店铺的职能。
2. 理解总部与店铺的组织结构。

三、基础知识

（一）总部的职能

1. 对连锁经营日常重大经营管理业务的决策、指令与监控。

（1）制定发展战略。

（2）确立分店。

（3）进行企业形象策划。

（4）制定企业的购销政策及商品开放政策。

（5）制定商品的销售政策。

（6）确立配送模式。

（7）制定劳动人事政策。

2. 店铺开发。

（1）安排开店流程，寻找店铺、商圈。

（2）划分分店各职能部门职责，制定分店的操作规范及表单。

3. 商品管理。

（1）商品采购与销售。

（2）商品存放与货架摆放。

4. 商品配送管理。

（1）配送中心的规模和配送能力要与本连锁企业的发展规模和销售能力相适应。

（2）成本控制与及时供货相适应。

（3）提高配送中心商品的拆装配组效率。

（4）界定配送中心对门店服务的标准。

5. 资金运作管理。

（1）安排好进货资金、在途商品资金、库存商品资金、货款结算资金和发展资金的比例。

（2）抓好销售款项回笼至总部的时间控制。

（3）严格履行商品货款的结算制度。

6. 商品促销管理。

（1）设定促销目标。

（2）拟定促销计划。

（3）计划执行与评估。

7. 督导运营。督导人员的主要业务项目包括总部与门店的信息沟通；门店的常规指导；门店商品管理；门店经营状况的分析等。

8. 信息管理。

9. 行政管理。

（1）企业各项制度的制定与监督执行。

（2）对分店各项制度的建立提供指导与规划。

（二）总部的组织结构

1. 总部管理模式（见图3－1）。连锁总部作为门店的服务和管理机构，直接对门店进行管理。适用于连锁系统初创时期经营上尚未突破地区界限，或卖场规模大而网点数量少或网点分布比较集中的情形。

（1）把总部划分为“总经理室”、“营业本部”和“管理本部”三个部分。

（2）由总经理直接管理开发部、营运部、商品部、财务部、管理部和企划部等职能部门。

2. 地区管理部管理模式。连锁企业总部按地区设立若干个地区管理部，由地区管理部管理门店，总部不直接管理门店。适用于连锁企业的发展已有一定规模，门店数量多、店型小且分布地区广的连锁企业。

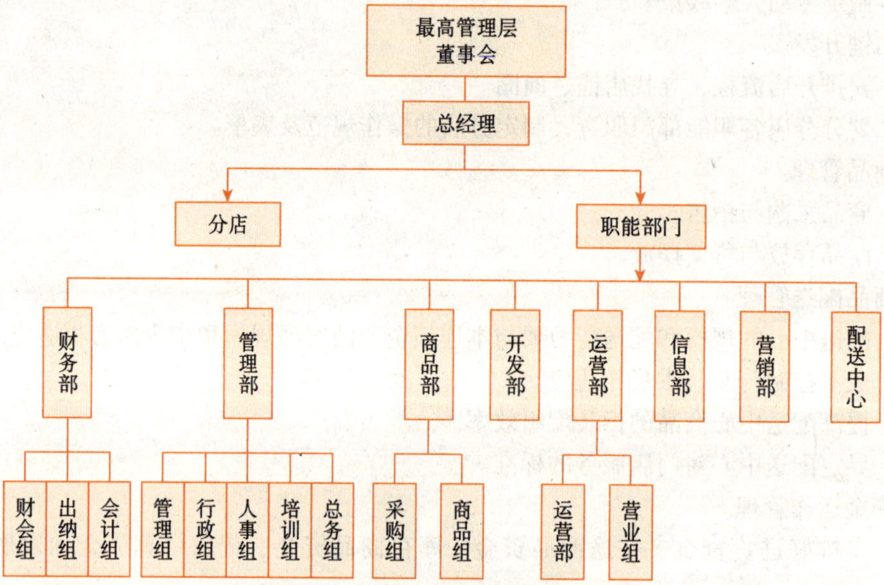

图3－1 总部管理模式图

（三）店铺的职能

1. 环境管理职能。主要包括店面的外观管理与卖场内部的环境管理。

2. 人员管理职能。主要包括店铺的员工管理、顾客管理以及供应商的管理。

3. 商品管理职能。主要指店铺对商品陈列、商品库存、商品质量、商品损耗以及商品销售状况等方面的管理。

4. 现金管理。主要包括收银管理和进货票据管理等。

5. 信息资料管理。主要包括店铺营运信息管理。

6. 销售管理职能。

（1）跟进市场销售状况、发展趋势并提出对策及建议。

（2）制订销售计划、促销建议、落实促销方案。

（3）总结销售工作，为企业制订销售计划提供依据。

（四）店铺的组织结构

1. 店铺组织结构（见图3－2）。

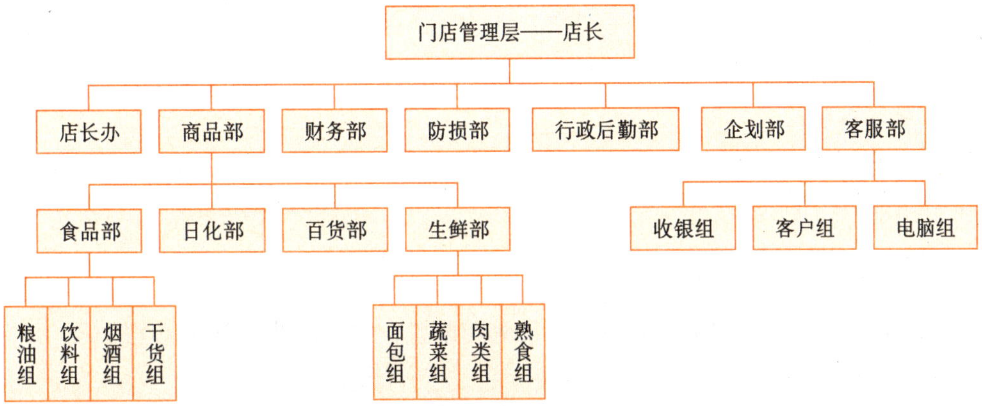

图3－2　店铺组织结构图

2. 小规模门店（见图3－3）。

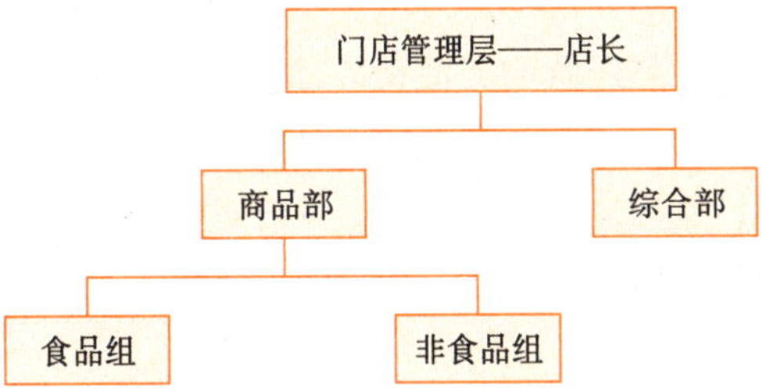

图3－3　小规模门店组织结构图

（五）配送中心的职能

1. 负责由总部决定、由供货商送来的商品的验收与入库工作。

2. 负责库存商品的日常管理工作。

3. 负责对各连锁分店所需商品的加工、整理、包装、集配和送货工作。

（六）配送中心的组织结构（见图3-4）

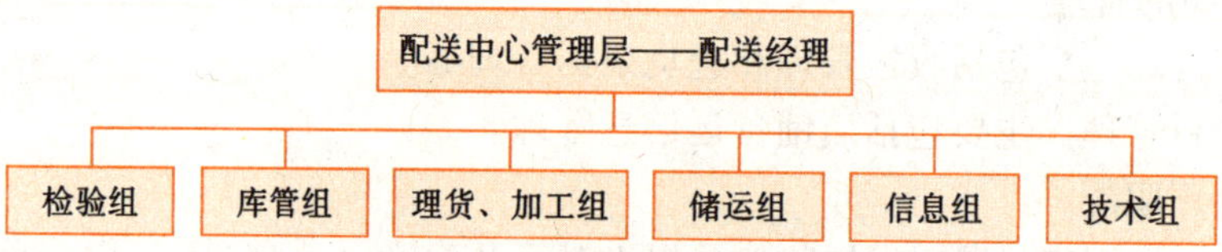

图3-4 配送中心组织结构图

四、学习资源

1. 中国经济信息网。
2. 中国产业经济信息网。

五、训练

（一）名词解释

1. 总部管理模式
2. 地区管理部管理模式
3. 督导运营

（二）单项选择题

1. 负责制定新店开发计划，店铺商品陈列与配置，对店铺进行服务管理的是(　　)。

A. 店铺管理部　　B. 营销部
C. 店铺开发部　　D. 设备工程部

2. 下列哪一项属于配送中心的职能之一(　　)。

A. 展店　　B. 商品陈列
C. 信息提供　　D. 营销

3. 业务经营部门是直接参与经营业务活动的部门，也称为(　　)。

A. 职能部门　　B. 管理部门
C. 营销部门　　D. 直线部门

4. 被称为连锁经营的纽带的是(　　)。

A. 配送　　B. 仓储
C. 运输　　D. 信息处理

5. 世界上第一家自营连锁的商店是(　　)。

A. 大西洋和太平洋茶叶公司　　B. 肯德基
C. 麦当劳　　D. 胜家缝纫机公司

（三）多项选择题

1. 下列属于连锁总部基本职能的是(　　)。

A. 基本政策制定　　B. 连锁门店开发
C. 商品采购管理　　D. 商品促销管理
E. 商品配送管理

2. 下列属于门店基本职能的是(　　)。
A. 商品促销管理　　B. 商品管理
C. 现金管理　　D. 信息管理
E. 人员管理

3. 资金运作管理包括(　　)。
A. 安排好进货资金　　B. 在途商品资金
C. 库存商品资金　　D. 货款结算资金和发展资金的比例

4. 商品促销管理的内容(　　)。
A. 设定促销目标　　B. 拟定促销计划
C. 计划执行与评估　　D. 促销团队的组成

5. 总部可划分为(　　)。
A. 总经理室　　B. 营业本部
C. 管理本部　　D. 销售本部

(四) 判断题

1. 店铺对商品陈列、商品库存、商品质量、商品损耗以及商品销售状况等方面的管理是销售管理的重要内容。(　　)

2. 现金管理主要包括收银管理和进货票据管理等。(　　)

3. 配送中心的规模和配送能力要与本连锁企业的发展规模和销售能力相适应。(　　)

4. 对连锁经营日常重大经营管理业务的决策、指令与监控是总部的全部职能。(　　)

5. 划分分店各职能部门职责，制定分店的操作规范及表单是总部的店铺开发职能。(　　)

(五) 简答题

1. 连锁企业的配送中心都有哪些职能?

2. 连锁店铺的职能是什么?

(六) 分析题

“红苹果”连锁经营反思

“红苹果”的创始人刘鸿鹄很早便显示出过人的经商才华，1983年在北京医学院读大学期间，他从山东贩运大批红苹果进京销售，转手获利2000元，这在当时不是小数目。也因此，他对“红苹果”三个字备感亲切。1995年11月，刘鸿鹄在北京创办公司，取名为“红苹果点点利商贸集团”。1996年6月1日，36家“红苹果”连锁店同时开张亮相。

在公司起步之初刘鸿鹄喊出了三大响亮口号：规模出效益，“红苹果”连锁店年内将开设100家分号；把实惠让给消费者，“红苹果”旗下各连锁分店实行京城零售业最低毛利率

（5点利）；为市政府分忧，“红苹果”各店将大量招收下岗女工。消息传出，立即引来大批记者，心系顾客、心系下岗职工的“红苹果”当然有值得爆炒的新闻价值。一时间，社会上刮起了一阵“红苹果”旋风。与记者一起蜂拥而来的还有三类人：一类是顾客，既然“红苹果”价格确实便宜，于是就有远道的消费者乘公共汽车赶到“红苹果”来排队购物；另一类是供货商，既然货架上商品货如轮转，于是各路供应商被磁石般吸引过来，希望自己的商品受到青睐；还有一类人是渴望连锁的商家，既然“红苹果”声势浩大，“加盟”后发财有望，因此前来谈判“合作”的商家也络绎不绝。

内行人都看得出，“红苹果”实际上是在走钢丝。要想在一年内开100家连锁店，没有1亿元的资金是无法运转的，而“红苹果”注册资金只有1000万元，差距实在太大。后几经周折，一笔3500万元的资金注入账户，但这也维持不了多久。如果经营者能将投入的资金高速运转产生高的回报和利润，如果经营者在启动第一批连锁店后立即利用当时的影响和效应进行第二轮融资，或许“红苹果”的命运将会改写。

然而，就像国内许多一夜而红的企业一样，早期虚假的胜利冲昏了经营者的头脑，他们开始陶醉在这暂时的“成功”里，内部管理失控渐渐浮出水面：拉帮结派、勾心斗角、贪污受贿、夜夜笙歌……以致曾参与“红苹果”整个项目的策划人后来痛心地说：“少一天声色犬马，少一晚歌舞升平，少喝一瓶人头马，少吃一只穿山甲，少一点虚荣，少一点浮躁，多一些心思放在企业的管理上，企业的现状也许就不会是现在这个样子。”

就在“红苹果”因管理等诸多问题而营销状况急转直下时，当初对其了解甚少的股东开始对它的实际情况有所察觉，并对决策者的行为表示不满，于是要求撤资。另外由于一再拖欠供货商货款，一些供货商开始以停止供货的方式向“红苹果”索取欠款，“红苹果”店内几度断货告急。随着供货商和股东施加的压力越来越大，焦头烂额的刘鸿鹄在万般无奈的情况下想到了银行。历尽千辛万苦终于得到了一笔1000万元贷款，杯水车薪，不出一周也被消耗殆尽了。

此时刘鸿鹄拖欠货款的数目已十分庞大：开业一年，红苹果拖欠货款总额为3000多万元，被拖欠的供货商达300家。1997年6月，忍无可忍的供货商联合起来集体上门讨债，从而在“红苹果”刚满周岁之际爆发了“红苹果危机”，开业曾红透京城的“红苹果”再次成为新闻媒介的焦点。尽管刘鸿鹄再三拍胸脯保证：决不会欠债不还，决不会扔掉“红苹果”一走了之。但3个月后，刘鸿鹄却突然销声匿迹了。被逼无奈的供货商和被拖欠了数月工资的员工一起将“红苹果”告到法院，于是，开业一年的“红苹果”被迫结束了自己的历史。

其实，“红苹果”危机并非不可避免。在“红苹果”危机爆发前夕，一家香港财团为了进入大陆零售市场，主动上门，要求斥资入股“红苹果”，只要“红苹果”答应让其占有50%以上的控股要求，所有条件包括债务关系、经营者人选等都可商量。但是由于企业决策者本身的认识和理解，断然将这家香港公司拒之门外。在危机爆发之际，一家成功的深圳某商业集团公司提出了类似要求和条件，也同样遭到拒绝。刘鸿鹄多次与伸来的援助之手失之交臂，这使得“红苹果”后来的倒闭注定成为不可逆转的事实。

（资料来源：“红苹果”案例来自《江南评论》，2000年第6期。）

问题：

1. 连锁经营是一种通过组织规模来要效益吗？
2. 在连锁经营企业组织构建中员工素质起什么作用？

4 项目四 连锁经营的基本模式

连锁经营是一种商业组织形式和经营制度，是指经营同类商品或服务的若干个企业，以一定的形式组成一个联合体，在整体规划下进行专业化分工，并在分工基础上实施集中化管理，把独立的经营活动组合成整体的规模经营，从而实现规模效益，是一种经营模式。

连锁经营模式的实质，是企业运用无形资产进行资本运营，实现低风险资本扩张和规模经营的有效方法和途径，这也是连锁经营能得以迅速发展的根本原因所在。

本项目主要针对直营连锁、特许加盟连锁、自由连锁进行描述。

任务1
直 营 连 锁

一、背景

连锁经营是经营同类产品或服务的若干经营单位，以同一商标、统一管理或授予特许经营权方式组织起来，通过对企业形象和经营业务的标准化管理，共享规模效益，获取竞争优势的一种经营组织形式和经营制度。连锁企业的分类：根据不同的分类标准，连锁经营可以分为不同的类别。当前最为常见的一种分类方法是根据所有权和经营管理权的集中程度来划分的，包括：直营连锁、自愿连锁、特许连锁。

二、学习目标

1. 掌握直营连锁的概念。
2. 理解直营连锁的特点。
3. 了解直营连锁的有利影响和不利影响。

三、基础知识

（一）直营连锁定义

直营连锁（Regular Chain，RC）是指连锁企业总部通过独资、控股或兼并等途径开设门店，所有门店在总部的统一领导下经营，总部对各门店实施人、财、物及商流、物流、信息流等方面的统一管理。

直营连锁又叫正规连锁，还称为公司连锁、联号商店、多店铺商店、多支店商店等。

国际连锁店协会对正规连锁的定义是："以单一资本，直接经营11个以上商店的零售业或饮食业。"英国对正规连锁店的要求是要有10个以上分店。日本通产省对正规连锁下的定义更为具体一些，规定是："连锁商店的实质，是处于同一流通阶段，经营同类商品和服务，由同一资本经营并在同一总部集中性管理机构统一领导下，进行共同经营活动的（由两个以上单位店铺组成的）零售企业集团。"

直营连锁就是指总公司直接经营的连锁店。即由公司本部直接经营投资管理各个零售点的经营形态，此连锁型态并无加盟店的存在。总部采取纵深的管理方式，直接下令掌管所有的零售点，零售点也毫无疑问地必须完全接受总部的指挥。直接连锁的主要任务在"渠道经营"，意思指透过经营渠道的拓展从消费者手中获取利润。因此直营连锁实际上是一种"管理产业"。这是大型垄断商业资本通过吞并、兼并或独资、控股等途径，发展壮大自身实力和规模的一种形式。

一些实力雄厚的大品牌往往喜欢采用用直营的方式，直接投资在大商场经营专柜或黄金地段开设专卖店进行零售。一些国际顶级品牌如阿玛尼、杰尼亚等出于品牌维护的需要，一般都采取直营方式。

另外，很多厂家会出于形象推广考虑，在一些重要市场区域开设自营旗舰店，以树立品牌形象规范，给经销商提供可参考的样板店。比如，雅戈尔在全国市场的自营旗舰店已经达到两百余家，班尼路旗下的几大品牌都在广州北京路开有大型旗舰店。旗舰店一般装修气派，货品齐全，服务规范，比较能体现公司的实力和整体形象，其产生的广告效应甚至要高出经济效应。

在管理上，厂商一般会采用分公司、办事处模式操作，直接对直营店面进行管理，而且为保证物流配送的顺畅，通常都会在各分公司、办事处设立仓库，直接供应货源。采用这种方式投入的人力、物力、财力均比较大，所以通常只有实力型企业才敢于这样操作。

在日趋激烈的市场竞争面前，越来越多的企业意识到，只有拥有了销售渠道，才会有更稳定的销售。与经销商和厂商处于绝对分离状态的相比，直营店和公司总部的关系则要更加密切。直营店与总部就是下级与直属上司的关系，它们之间少了许多中间环节而造成的隔阂，从而更加利于相互之间的沟通和保证信息传达的准确性。总部也可以更加方便迅捷地获得顾客需求的信息，及时追踪顾客对产品以及服务等方面的反馈、获取最有效的市场信息，在提高服务水准和含金量的同时还可以增加品牌吸引力。目前，餐饮行业、家纺行业、家具家居行业、家电行业、医药流通行业、服装行业、农资连锁业等行业均将直营连锁模式作为行业发展的重点，通过收编加盟店，扩大直营店的方式，进一步提高企业在全国市场的发展和管理水平。

（二）直营连锁的特点

直营连锁的主要特点：所有权和经营权集中统一于总部。其所有权和经营权的集中统一表现在：所有成员企业必须是单一所有者，归一个公司，一个联合组织或单一个人所有；由总部集中领导、统一管理，如人事、采购、计划、广告、会计和经营方针都集中统一；实行统一核算制度；各直营连锁店经理是雇员而不是所有者（分店无法人资格）；各直营连锁店实行标准化经营管理。

直营连锁的人员组织形式是由总公司直接管理；直营连锁的组织体系，一般分为 3 个层次：上层是公司总部负责整体事业的组织系统，中层是负责若干个分店的区域性管理组织和负责专项业务，下层是分店或成员店。

这样的组织形式具有统一资本、集中管理、分散销售的特点，同时给直营连锁店的发展带来了两个方面的影响。

1. 积极影响。

（1）可以统一调动资金，统一经营战略，统一开发和运用整体性事业；

（2）作为同一大型商业资本所有者拥有雄厚的实力，有利于同金融界、生产厂商打交道；

（3）在人才培养使用、新技术产品开发推广、信息和管理现代化方面，易于发挥整体优势；

（4）众多的成员店可深入消费腹地扩大销售。

2. 不利影响。

（1）成员店自主权小，积极性、创作性和主动性受到限制；

（2）需要拥有一定规模的自有资本，发展速度受到限制；

（3）大规模的直营连锁店管理系统庞杂，容易产生官僚化经营，使企业的交易成本大大提高。

四、学习资源

1. 我国连锁经营管理规范意见。
2. 《2013—2017 年中国直营连锁深度调研与投资战略规划分析报告》。

五、训练

（一）名词解释

1. 直营连锁
2. 国际连锁加盟协会（IFA）

（二）单项选择题

1. 既具有连锁经营的规模优势，同时又能保持独立小商店的某些经营特色的连锁经营形式是(　　)。

A. 直营连锁　　　　B. 特许连锁

C. 自由连锁　　D. 加盟连锁

2. 连锁经营未来发展的主导形式是(　　)。

A. 大卖场　　B. 直营连锁

C. 特许经营　　D. 自由连锁

3. 我国连锁经营管理规范意见规定我国的连锁店门店由(　　)个以上组成。

A. 10　　B. 12

C. 11　　D. 13

4. 大型零售业适合采用的连锁方式是(　　)。

A. 直营连锁　　B. 加盟经营

C. 自由连锁　　D. 不适合采用连锁方式

5. 世界上最早的连锁经营企业是(　　)。

A. 金库伦联合商店　　B. 胜家缝纫机公司

C. 大西洋与太平洋茶叶公司　　D. 麦当劳

6. 正规连锁是指(　　)。

A. 直营连锁　　B. 特许连锁

C. 自愿连锁　　D. 自由连锁

7. 最早的连锁经营方式产生于哪个国家？(　　)。

A. 美国　　B. 德国

C. 法国　　D. 日本

8. 大型百货商店和超级市场一般采用的经营方式是(　　)。

A. 正规连锁　　B. 特许连锁

C. 自由连锁　　D. 合同连锁

9. 1859 年产生于美国的“大西洋和太平洋茶叶公司”是世界上第一家近代连锁商店，是当时世界上最早的(　　)。

A. 自愿连锁　　B. 自由连锁

C. 特许连锁　　D. 正规连锁

10. 著名的“可的”连锁企业是以(　　)业态经营的。

A. 大型综合超市　　B. 百货商店

C. 专业店　　D. 便利店

11. 连锁经营最初的形式是(　　)。

A. RC　　B. FC

C. VC　　D. 以上都不对

12. “总部——地区管理部——门店”的组织模式，主要适用于(　　)。

A. 小型连锁公司　　B. 区域性连锁公司

C. 大型连锁公司　　D. 全国型连锁公司

E. 跨国型连锁公司

13. 从国际经验看，一国或地区人均 GDP 达到(　　)的水平时，连锁超市业态就可以开始导入。

A. 300 美元　　B. 600 美元
C. 1000 美元　　D. 1500 美元

14. 正规连锁是指(　　)。
A. 直营连锁　　B. 特许连锁
C. 自愿连锁　　D. 自由连锁

15. 著名的“7－11”连锁企业是以(　　)业态经营的。
A. 大型综合超市　　B. 百货商店
C. 专业店　　D. 便利店

(三) 多项选择题

1. 连锁经营的基本特征主要有(　　)。
A. 制度化的营销手段　　B. 规模化的经营方式
C. 网络化的组织形式　　D. 规范化的管理方式
E. 以上都不是

2. 正规连锁适用的行业有(　　)。
A. 大型百货商店　　B. 超级市场
C. 制造业　　D. 餐饮业
E. 便利店

3. 连锁经营是一种(　　)。
A. 经营方式　　B. 产权制度
C. 组织形式　　D. 激励机制
E. 以上都不是

4. 由连锁公司总部直接管理下属所有门店的组织模式，一般适用于(　　)。
A. 小型连锁公司　　B. 区域性连锁公司
C. 大型连锁公司　　D. 全国型连锁公司
E. 跨国型连锁公司

5. 连锁企业质量认证的基本要素包括(　　)。
A. 型式试验　　B. 认证制度
C. 质量体系检查　　D. 监督检查
E. 监督检验

6. 连锁企业经营的原则包括(　　)。
A. 标准化　　B. 专业化
C. 简单化　　D. 规模化
E. 复杂化

7. 连锁公司采购组织设置的特点(　　)。
A. 实行统一采购制度　　B. 实行分散采购制度
C. 购销业务统分结合　　D. 购销业务统分分离
E. 能开发通道利润

8. 下列哪一个原则不属于连锁企业规范化管理的“三化原则”？(　　)。

A. 简单化　　B. 规模化

C. 专业化　　D. 标准化

9. 连锁总部制定规范标准，对连锁门店的日常经营作业进行计划、督导和评价，以保证门店作业的标准化，促进维持连锁企业的高品质水准，是连锁企业(　　)的主要职能。

A. 组织系统　　B. 开发系统

C. 供货系统　　D. 营运系统

（四）判断题

1. 欧洲第一家连锁经营企业是大西洋与太平洋茶叶公司。　(　　)

2. 在连锁超市公司等连锁企业经营的全部商品品项中，销售得最好的20%品项的销售额可实现全部销售额的80%，而剩下80%商品品项的销售额实现总销售额的20%。(　　)

3. 上海是我国连锁经营的发祥地。　(　　)

4. 正规连锁企业中，各分店不具有企业法人的资格。　(　　)

5. 连锁经营质量保证体系中，质量管理就是质量控制。　(　　)

（五）简答题

1. 为什么连锁经营要实行标准化管理?

2. 连锁企业的总部主要应承担哪些职能?

3. 简述连锁经营的基本特征。

4. 简述连锁企业总部营运部门的主要工作职责。

5. 简述直营连锁的主要特征。

6. 简述连锁总部的主要职能。

任务 2
特许加盟连锁

一、背景

特许加盟（连锁）恐怕是当今商业界最流行的词语了。开展特许加盟业务的公司也遍布各个行业的各个角落。特许加盟是特许人与受许人之间的一种契约关系。根据契约，特许人向受许人提供一种独特的商业经营特许权，并给予人员训练、组织结构、经营管理、商品采购等方面的指导和帮助，受许人向特许人支付相应的费用。通俗地讲特许经营是特许方拓展业务、销售商品和服务的一种营业模式。

特许经营是一种营销方式，最早出现在美国，已经有一百多年的历史。特许经营的主要优势是操作简便，成本较低，可以快速扩大营销规模，满足消费者对便利化、规范化服务的需要。因此，特许经营这种营销方式在许多国家特别是发达国家被广泛采用，目前已经发展得比较成熟。特许经营在我国出现的时间并不长，只有十几年，但发展速度很快。特别是2000年以来，特许经营在我国进入高速增长期。

特许连锁有两种类型：一种是经营特许权加盟型，又称商业转让型特许加盟经营，即主导型企业将其拥有的经营技术、配方、诀窍等授给加盟者的方式；另一种是商品和商标特许权加盟型，又称产品转让型特许加盟经营，即主导型企业将其拥有的专门商品、商号、商标的经销权和使用权授予加盟者的方式。

二、学习目标

1. 掌握特许加盟的内涵和基本构成要素。
2. 理解加盟的选择原则、项目考察和注意事项。
3. 了解特许经营合同的主要内容。
4. 能够撰写特许加盟合同。

三、基础知识

（一）特许加盟连锁定义

特许连锁（Franchise Chain，FC），又称合同连锁、加盟连锁或契约联合店。

对于特许经营的定义，有多种不完全相同的表述：国际统一私法协会《特许经营信息披露示范法》对特许经营的定义是：特许经营是指由一方（特许人）授权或要求另一方（受许人）依照特许人指定的系统以自己的名义销售商品或提供服务，并获得直接或间接的财务回报。该系统包括专有技术和支持，基本的业务运作模式，包括特许人对受许人严格的和持续的营业控制，并应实质上使用特许人指定的商标、服务商标、商号和标志等。

自2007年5月1日起施行的我国《商业特许经营管理条例》对商业特许经营规定的定义是：特许经营是指拥有注册商标、企业标志、专利、专有技术等经营资源的企业（以下称“特许人”），以合同形式将其拥有的经营资源许可其他经营者（称被特许人）使用，被特许人按照合同约定在统一的经营模式下开展经营，并向特许人支付特许经营费用的经营活动。企业以外的其他单位和个人不得作为特许人从事特许经营活动。特许人从事特许经营活动应当拥有成熟的经营模式，并具备为被特许人持续提供经营指导、技术支持和业务培训等服务的能力。该条例第七条第二款规定：特许人从事特许经营活动应当拥有至少2个直营店，并且经营时间超过1年。特许人若不具备上述条件，从事特许经营活动的，由商务主管部门责令改正，没收违法所得，处10万元以上50万元以下的罚款，并予以公告。企业以外的其他单位和个人作为特许人从事特许经营活动的，由商务主管部门责令停止非法经营活动，没收违法所得，并处10万元以上50万元以下的罚款。

从上述关于特许经营的定义可以看出，虽然有多种不完全相同的表述，但其基本内涵和要素则是一致的。特许经营包括四个基本要素：

一是特许人必须拥有注册商标、企业标志、专利、专有技术等经营资源，并通过合同形式许可被特许人使用上述经营资源。特许人如果不具备上述条件，特许经营也就无从谈起。

因此，《商业特许经营管理条例》对特许人从事特许经营活动应当具备的条例做了明确规定。

二是特许人和被特许人之间是一种合同关系。特许人和被特许人是相互独立的市场主体，双方通过订立特许经营合同，确定各自的权利和义务。《商业特许经营管理条例》明确规定，特许人和被特许人应当采用书面形式订立特许经营合同，并对特许经营合同应当具备的内容以及订立特许经营合同的有关要求做了明确规定。

三是被特许人应当按照特许人的要求，在统一的经营模式下开展经营。特许经营是一种高度系统化、组织化的营销方式，统一的经营模式是其核心要求之一，也是保证服务的规范性、一致性以及维护品牌形象的需要。这种统一的经营模式体现在各个方面，大到管理、促销、质量控制等，小到店铺的装潢设计甚至标牌的设置等。

四是被特许人应当向特许人支付相应的费用。特许人拥有的经营资源一般都经过了较长时间的开发、积累，具有较高的商业价值。被特许人经许可使用这些经营资源也是为了开展经营活动，因此需要支付相应的费用。支付费用的种类、数额以及支付方式，由双方当事人在合同中约定。

综上所述，特许加盟即由拥有技术和管理经验的总部，指导传授加盟店各项经营的技术经验，并收取一定比例的权利金及指导费，此种契约关系即为特许加盟。特许加盟总部必须拥有一套完整有效的运作技术优势，从而专业指导，让加盟店能很快地运作，同时从中获取利益，加盟网络才能日益壮大。因此，经营技术如何传承，则是特许经营的关键所在。连锁加盟总公司与加盟店二者之间存在着持续契约关系。根据契约，总公司必须提供一项独特的商业特权，并加上人员训练、组织结构、经营管理，以及商品供销的协助；而加盟店也需付出相应的报偿。加盟店在和总公司同一形象、商誉下，从事销售同样的商品或劳务。加盟店相对于总公司赋予的权利，必须投入相对的事业资金，包括加盟金、权利金、契约金在内的开办资金。

（二）“3S”原则

“3S”原则是特许经营的最经典的基本原则，其他原则其实都可以从此原则上引申、变化出来。特许经营的本质是工业产权和/或知识产权的转让，而“3S”原则的执行正是这种转让使双方都能获取最大效用的手段。

1. 标准化。标准化是为了利于特许经营模式的复制、利于特许经营体系的管理和控制或保持整个特许经营体系的一致性，这是特许经营的优势和竞争力之一。

2. 专业化。所谓专业化，其实就是特许经营体系各基本组成部分的总体分工问题，因为分工的高效，所以特许经营网络为了保障这个可能很庞大体系的良性运转，必须把不同的职能交由不同的部分来完成，然后各个部分有机协调、合作的结果才能使特许经营体系成为一个具有自我发展和良好适应外部环境能力的有机整体。

3. 简单化。简单化是指作业流程简单化、作业岗位活动简单化，由此可以使员工节约精力，提高工作效益，以最少的时间和体力支出获得最大的效益。在管理实践中，特许人一般都会对作业流程和岗位工作中的每一细节做深入的研究，并通过手册归纳出来。

（三）特许加盟连锁的优缺点

特许经营的发展，在调整和改善流通结构，促进中小企业发展，扩大就业等方面发挥了积极的作用。

1. 特许加盟连锁经营模式的主要优点。

（1）授权人只以品牌、经营管理经验等投入，便可达到规模经营的目的，不仅能在短期内得到回报，而且使无形资产的价值迅速提升。

（2）被授权人由于购买的是已获成功的运营系统，可以省去自创业不得不经历的一条“学习曲线”。包括：选择盈利点、开拓市场等必要的摸索过程，降低了经营风险。

（3）被授权人可以拥有自己的公司，掌握自己的收支。被授权人的经营启动成本低于其他经营方式。因此可在较短的时间内收回投入并盈利。被授权人可以在选址、设计、员工培训、市场等方面，得到经验丰富的授权人的帮助和支持，使其运营迅速走向良性循环。

（4）授权人与被授权人之间不是一种竞争关系，有利于共同扩大市场份额。

2. 特许加盟连锁经营模式的缺点。

（1）对总部的不利之处：连续的指导与援助要花费一定的人力和费用；加盟店在特许权上的无所谓态度会削弱特许连锁整体的活力；在加盟店急速增加的情况下，总部的指导力和物流体制等跟不上，会削弱统一性；比自己经营店铺的投资效率高，但要大幅度地增加利润额则有困难。

（2）对加盟店的不利之处：会增强依赖性，放松经营和销售的努力。经营标准化束缚了更好方法的开发和采用。总部考虑整体效果而制定并实行的措施，并不一定适合某些特定的加盟店的实际情况。在发生利益矛盾时，总部会坚持自身利益。其他加盟店失败、脱离连锁集团时，在形象和信用方面会受到不良的连带影响。总部变更方针时，加盟店无权参与；对于合同内容，加盟店没有加入自己的要求和条件的余地；合同解除后，加盟店不能把过去的成果用于自己的商誉；总部脆弱化、大幅度改变销售政策时，加盟店不能充分接受到指导和援助；合同解除时，加盟时所支付的保证金不能返还。

（3）对消费者的不利之处：如果总部力量弱，加盟店可能在服务方面给消费者带来不利影响；因滥用特许连锁而产生的交易上的不稳定，也会给消费者带来不良影响；对于营业责任是在总部还是在加盟店判断不清时，可能使得消费者的上诉对象模糊化。

特许经营的特点在于：

1. 有一个特许权拥有者，即为加盟连锁的盟主。

2. 盟主拥有特许权，特许权可以是产品、服务、营业技术、商号、标示以及其他可带来经营利益的特别力量。

3. 盟主和加盟者以合同为主要联结纽带。

4. 加盟者对其店铺拥有所有权，店铺经营者是店铺的主人。

5. 加盟者必须完全按照盟主总部的一系列规定经营，自己没有经营自主权。

6. 总部有义务教给加盟者完成事业的信息、知识、技术等一整套经营系统，同时授予加盟店使用店名、商号、商标、服务标记等一定区域的垄断使用权，并在合同期内不断进行经营指导。

7. 加盟者要向盟主交付一定的有偿费用，通常包括一次性加盟费、销售额或毛利提成等。

8. 盟主是纵向关系，各加盟者之间无横向关系。

知识链接：《商业特许经营管理条例》第十一条规定：从事特许经营活动，特许人和被特许人应当采用书面形式订立特许经营合同。特许经营合同应当包括下列主要内容：

（一）特许人、被特许人的基本情况；

（二）特许经营的内容、期限；

（三）特许经营费用的种类、金额及其支付方式；

（四）经营指导、技术支持以及业务培训等服务的具体内容和提供方式；

（五）产品或者服务的质量、标准要求和保证措施；

（六）产品或者服务的促销与广告宣传；

（七）特许经营中的消费者权益保护和赔偿责任的承担；

（八）特许经营合同的变更、解除和终止；

（九）违约责任；

（十）争议的解决方式；

（十一）特许人与被特许人约定的其他事项。

第十三条　特许经营合同约定的特许经营期限应当不少于3年。但是，被特许人同意的除外。特许人和被特许人续签特许经营合同的，不适用前款规定。

要点1：特许经营是特许人与被特许人之间的一种合同（契约）关系。这种合同是一种既定格式的合同，而非经由双方商议而订立下的合同。即特许人事先将合同的内容拟妥、印妥，然后将相同格式的合同交众多的加盟申请人，请其同意后签订的一种合同。

要点2：在此合同关系中，特许人的义务是允许加盟者使用其商号、商标、商誉、CIS系统等企业的无形资产，相关的产品、专利和专有技术，向被特许人提供各种相关的培训。

要点3：在此合同关系中，被特许人的义务是：在特许人统一的业务模式下，从事经营活动，接受特许人的培训和指导，向特许人支付加盟金和权益金等费用。

（四）加盟

所谓加盟，就是该企业组织或者说加盟连锁总公司与加盟店二者之间的持续契约的关系。根据契约，总公司必须提供一项独特的商业特权，并加上人员培训、组织结构、经营管理及商品供销的协助；而加盟店也需付出相对的报偿；它是一种经济而简便的经商之道，经由一种商品或服务以及行销方法，以最小的风险和最大的机会获得成功。

将该服务标章授权给加盟店，让加盟店可以用加盟总部的形象、品牌、声誉等，在商业的消费市场上，招揽消费者前去消费。而且加盟店在创业之前，加盟总部也会先将本身的know-how、技术等经验，教授给加盟店并且协助创业与经营，双方都必须签订加盟合约，以达到事业的获利为共同的合作目标；而加盟总部则可因不同的加盟性质而向加盟店收取加盟金、保证金以及权利金等。

1. 选择加盟的原则。

（1）需选择本身已有相当经验的连锁体系，包括经营时间的长短及店数的多寡；如果是成立时间不长，店数又少的品牌，由于本身连锁的经验都还不充足，加盟者贸然加入，风险性自然较高。

（2）技术难度不能太高。一般加盟者通常皆为外行，所以技术性愈低的行业愈适合加盟（如超商），技术难度若愈高，出师的时间愈长；通常技术性较高的行业，如美发、眼镜等，较适合内部创业而不适合加盟。

（3）需注意选择行业的发展趋势，究竟是在稳定中成长或是日趋没落，特别是有些属于流行性的行业，在刚加盟时生意鼎盛，没多久热潮过去后，生意便一落千丈。

（4）需考量个人兴趣，由于每个行业皆有不同的行业特性，加盟者最好选和自己志趣相投的行业加盟，不要只一味顾着赚钱而忽略个人爱好。

（5）需考量总部在同业中的竞争能力，这其间涉及总部提供给加盟店的支援有多少。因为同业间的竞争必然会涉及品牌的优劣，第一品牌竞争力自然较强，相对的较小的品牌竞争力自然较弱了。

（6）打听已设立的加盟店，如果是一个品牌健全的加盟体系，应该会很乐意将所有店面的地址、电话告知加盟者，加盟者可先行向这些已开店者打听相关资讯，而这种方式所获得的资讯往往是最真实的，加盟者也可从其中了解未来大致的营运状况。

除了以上六点外，加盟者自身的人力及资金等皆是加盟时所必须考量的因素。

2. 项目考察。

仅从投资额大小、加盟店数量多少等表面情况很难判断一个加盟项目。实际上，创业者还是应该从项目的盈利模式和特许加盟体系这两个方面来考察。

（1）对有意向的加盟项目，最好先暗中考察一番。到该项目的加盟店去消费，以顾客身份和店老板或店员聊天，并估算每天的营业额，分析客户群、消费时段等；考察持续一段时间后，看考察结果是否和加盟总部介绍的内容相符，以此判断对方的诚实态度。不要和不诚信的盟主合作。

而如果该项目根本还没有开过加盟店，或第一家店一年时间都不到，创业者就不需要考虑了。

（2）要了解清楚加盟项目的特许加盟体系的完善程度。如考察盟主对特许加盟商业模式的认识和运作水平，看其是否有一整套已成文字且可操作的特许加盟管理手册和加盟店营运手册；看其是否在加盟商选择、加盟店店址选择等方面持负责任的谨慎态度；看其是否重视加盟店的利益和后续管理等。这种考察最好的办法就是去参加盟店举办的培训，然后准备大量问题去“刁难”他们，看他们是否对加盟项目有完全充分的准备。

3. 选择加盟的注意事项。

随着经济的发展，特许加盟已经成为一种流行商业模式，但随之而来的加盟纠纷也越来越多。产生纠纷的原因主要是加盟者签订特许加盟合同时没有详细阅读，且有种弱势心理，认为合同内容不可随意更改，从而导致在加盟后产生各种争议。“加盟有风险，创业须谨慎。”身为相对弱势的加盟者对于签订特许加盟合同时更应对条款有一定的了解，并注意保护好自身合法权益。

(1) 审查特许企业的履约情况。

①主体资格，即是否具有相关证明文件，如特许企业是否合法存在且具有独立法人资格；特许企业是否具有自己的注册商标，且该商标是否已经注册成功。

②经营能力，即从事特许经营活动应当拥有的成熟的经营模式，如是否具备为加盟者持续提供经营指导、技术支持和业务培训等服务的能力。

《商业特许经营管理条例》第七条第二款中规定，特许人从事特许经营活动应当拥有至少两个直营店，并且经营时间超过1年。

(2) 合同中涉及的金额问题。特许加盟合同是特许企业和特许加盟商之间的合作合同，主要包含合作对象、合作内容、合作期限、权利与义务、争议处理方式等主要内容。

①特许经营费用的种类、金额及其支付方式。通常情况下，特许企业会向加盟者收取三种费用，分别是加盟金、权利金及保证金。

• 加盟金，是指加盟商为获得经营权而向企业支付的一次性费用。正规的企业收取加盟费是正常的行为，但有些企业用设备购置费代替。对于这种情况，加盟商签约前一定要查清楚设备的价款是否远高于市面同类设备的价格，防止受骗。

• 权利金，是一种持续性的收费，加盟者要持续使用特许企业的商标，就必须支付这个权利金，所以加盟者在签合同时要注意权利金是按年按季度还是按月支付。但须注意，某些特许企业会要求加盟者一次开出合约期限内全额权利金的支票。加盟者若遇到这种情况，务必记得在合约上注明“当加盟店不再开店时，特许企业必须退回未到期的权利金”，以保障自身的权益。

• 保证金，特许企业为确保加盟者确实履行合约，并准时支付货款等所收取的费用。合同到期后，保证金应退还加盟者。对于保证金收取过高的特许企业，在签订合同时一定要注意保证金应当在合同到期后无条件退还，不得附加其他条件。另外，对于提前解除合同时保证金的退还情况也应当在加盟合同中写明。

②关于特许企业所提供的货物及设备的价格问题。

• 特许企业供货价格。为防止特许企业所提供货物价格过高，加盟者可在订立合约时，事先要求特许企业供货的价格不得高于市场行情，或是限定高出市场行情的范围，以避免争议的发生。

• 特许企业提供的设备价格。特许企业一般会有特定设备提供，但设备价格有可能高于市场价格，对此，加盟者在签订合同时可约定，如果事后加盟者发现特许企业提供的设备高于市场价格，加盟者可要求特许企业返还多余款额，如若不还需进行相应赔偿。

(3) 特许经营中的消费者权益保护和赔偿责任的承担。

①特许企业过错。若是因为特许企业提供的货物或者设备对消费者权益造成伤害，则特许企业需要承担连带责任，还应对加盟者的损害予以赔偿。

②加盟者过错。若是由于加盟者自己在经营过程中的失误造成对消费者权益的侵害，其所引起的赔偿责任由加盟者自己承担。

(4) 关于合同转让和终止问题。

①合同的转让。由于特许加盟合同一般时间都比较长，加盟者在经营过程中有可能发生

经济问题导致无法继续加盟。对于这种情况，加盟者可以与特许企业协商允许合同进行转让。但转让必须经过特许企业的同意，而转让后的承买者资格由特许企业进行认定，同时加盟者须向特许企业支付一定的转让费。

②合同的终止。当合同期满或者因其他原因合同终止后，特许企业会通过检查加盟者是否有违法合约或者是否有积欠货款等情况来按比例返回甚至是扣除保证金。关于这一点，加盟者一定要看清楚是如何规定的，觉得不妥当的地方需要协商改正。另外，特许企业可能会要求拆下招牌，此时可根据招牌的所有者来确定具体的解决办法。

（5）关于纠纷和违约责任问题。

①纠纷解决问题。关于诉讼管辖问题，在签订合同时，最好将法院管辖地约定在加盟商所在地或合同签署地。

②违约责任问题。一般在违约责任问题上，通常只会列出针对加盟者的部分，对特许企业违反合同部分则较少。因此加盟者在签订合同时应当提出相应要求，对于特许企业所许诺的具体内容，都应在合同中明确约定，并约定特许企业违反合同时应当承担的责任。同时还可写明具体的违约金金额，避免在以后诉讼中获得的赔偿却远未满足自己所遭受的损失。

③在合同签订后，加盟者一定要确保自己保留一份，这样才能清楚合约内容，保护自身利益。

（6）其他注意事项。

①竞业禁止的条款。竞业禁止，是特许企业为保护经营技术及智慧财产不因加盟而外流，要求加盟者在合约存续期间，或结束后一定时期内，不得从事与原加盟店相同行业的规定。此规范旨在保护特许企业的知识产权。但禁止时间太长会影响加盟者日后的工作权益，所以加盟者在签约时要注意时限的长短。

②概括条款。加盟合同的条款中通常都会有这样一条："本合约未尽事宜，悉依总部管理规章办理。"由于管理规章是由特许企业制定，有可能随时修改，加盟者若不清楚其权益就有可能受到损害。因此，加盟者在签订合同时，最好要求特许企业将管理规章以附件的形式附在合同后面。

③商圈保障问题。商圈保障就是特许企业为确保加盟店的营运利益，在某个商圈之内不再开设第二家分店，对此，加盟商要确定其加盟商圈的范围有多大。同时，加盟商在签约时，最好载明特许企业在该范围内不得再发展营业内容完全相同的第二品牌，以保障自身权益。

四、学习资源

1. 《商业特许经营管理条例》。
2. 中国连锁经营协会网。

五、训练

（一）名词解释

1. 商业转让型特许加盟
2. 特许连锁

（二）单项选择题

1. 特许经营的最终管理权由(　　)掌握。

A. 总部　　B. 被特许者

C. 特许者　　D. 采购中心

2. 世界上第一个特许加盟连锁店是(　　)。

A. 胜家缝纫机公司　　B. A&P

C. 金·库仑食品商场　　D. 美国大西洋和太平洋茶叶公司

3. 对于具有一定资本、希望从事商业活动但又没有经营技术和经验的投资者，选择(　　)的方式经营风险较少。

A. 现代超市　　B. 直营连锁

C. 特许经营　　D. 自由连锁

4. 以下哪项不属于发展特许经营应遵循的基本原则(　　)。

A. 规范原则　　B. 渐进原则

C. 商品群原则　　D. 开放原则

5. 被称为连锁经营的纽带的是(　　)。

A. 配送　　B. 仓储

C. 运输　　D. 信息处理

6. 商业转让型特许加盟经营即人们通常说的特许经营被称为(　　)。

A. 第一代特许经营　　B. 第二代特许经营

C. 第三代特许经营　　D. 第四代特许经营

7. 麦当劳的连锁门店中占大多数的是(　　)。

A. 直营店　　B. 特许加盟店

C. 自由连锁店　　D. 以上都不对

8. 特许加盟基本流程的第一步是(　　)。

A. 申请　　B. 推广

C. 准备　　D. 计划

9. 在过去几十年特许经营的整个销售额中，产品转让型特许经营大约占70%，其中绝大部分是(　　)。

A. 汽车销售额　　B. 食品销售额

C. 日用品销售额　　D. 化妆品销售额

10. 合同连锁是指(　　)。

A. 直营连锁　　B. 特许连锁

C. 自愿连锁　　D. 自由连锁

11. 传统的特许连锁形式是指(　　)。

A. 第二代特许经营　　B. 商业转让型特许加盟经营

C. 第三代特许经营　　D. 产品转让型特许加盟经营

(三) 多项选择题

1. 下列各企业中采用了特许连锁的经营方式的有(　　)。

A. 7－11 便利店　　B. 肯德基

C. 美国沃玛特百货公司　　D. 麦当劳

E. 美国西尔斯百货公司

2. 麦当劳的连锁经营形式主要包括(　　)。

A. 直营连锁　　B. 特许连锁

C. 自由连锁　　D. 自愿连锁

E. 以上都不是

3. 下列关于特许连锁经营的表述正确的有(　　)。

A. 维系特许连锁的经营关系是特许授权经济合同

B. 加盟企业不具有法人资格，不能作为独立的企业存在

C. 加盟连锁企业具有独立的企业法人资格、人事权和财务权

D. 特许连锁的特许内容包括技术特许方式和管理或者信誉特许方式

E. 各加盟店不能脱离总部的管理体系和管理要求而单独从事生产经营活动

4. 特许连锁适用的行业主要有(　　)。

A. 服务业　　B. 大型百货商店和超级市场

C. 制造业　　D. 餐饮业

E. 便利店

5. 连锁企业基本的组织结构一般是由(　　)组成。

A. 总部　　B. 供应商

C. 采购部　　D. 配送中心

E. 门店

(四) 判断题

1. 特许加盟合同的基本条款是由总部制定的，为维护整个系统的统一性，加盟者可对合同条款进行修改。　(　　)

2. 特许企业若要求加盟者一次开出合约期限内全额权利金的支票，当加盟店不再开店时，特许企业必须退回未到期的权利金。　(　　)

(五) 简答题

1. 特许经营有哪些类型?

2. 简述特许连锁的主要特征。

3. 特许加盟合同通常包括哪几个方面的内容?

任务3
自由连锁

一、背景

在国际上，自由连锁的组织类型一般为两种：一种是以零售为主导型；另一种是以批发为主导型。从多年的实践来看，似乎批发为主导型的自由连锁显示了更为强大的生命力。日本、欧洲和美国等发达国家和地区所采取的也是以后者为主的类型。虽然不同年代的自由连锁活动也有着不同的特征，但其自由连锁组织在支持中小企业，特别是零售企业发展方面一直起着不可估量的作用，并且今天还呈增长趋势。

自由连锁形成的原因是众多中小企业在与一些规模庞大、实力雄厚的大型连锁公司的竞争中，由于势单力薄，竞争力下降，占有的市场份额日益萎缩。

自由连锁的核心是共同进货，这样可以使中小型店铺和大型超级市场、百货商店一样，获得低廉的商品进货价格，这也是中小企业成为自由连锁店的最大诱因。而对总公司而言，自由连锁店铺是总公司有力的分销渠道，从而形成了自由连锁重要的“联购分销”机制。

二、学习目标

1. 掌握自由连锁的概念。
2. 理解自由连锁的意义。

三、基础知识

（一）自由连锁的定义

自由连锁（Voluntary Chain 简称 VC），又叫自愿加盟连锁，是指保留单个资本所有权人店铺的联合经营。一般又称自愿连锁。自愿加盟即自愿加入连锁体系的商店。

自由连锁主要是适应中小零售企业为形成必要的规模效应、增强对大型企业的抗衡能力的需要而出现的，在欧美已有70多年的历史。美国最大的自愿连锁企业IGA，年销售额达到210亿美元；而欧洲最大的自愿连锁企业SPAR，目前在世界34个国家拥有1.5万家门店，年销售额达268亿欧元。当前，我国中小零售企业量大面广，不少已具备成熟的经营模式和稳定的顾客群体，但面临着外资零售巨头和国内大型连锁企业的强大竞争压力。发展自愿连锁，对这些中小零售企业来说，不失为一种好的选择。

各加盟店在保留单个资本所有权的基础上实行联合，总部同加盟店之间是协商、服务关系。集中订货和统一送货，统一制定销售战略，统一使用物流及信息设施。各加盟店不仅独立核算、自负盈亏、人事自主，而且在经营品种、经营方式、经营策略上也有很大的自主权，但要按销售额或毛利的一定比例向总部上交加盟金及指导费。总部经营的利润，也要部分返还给各加盟店。

（二）自由连锁的意义

1. 有利于中小零售商业的保护与发展，形成合理的商业结构。从社会需要的角度来看，中小零售商业的存在是必不可少的，其可以灵活的经营方式和同消费者的贴近性来满足消费者的特定需要，同时中小零售商业也是解决社会就业和保持社会稳定的重要途径。所以，不少国家都有对中小零售商业的保护政策，如日本在 1962 年就成立了中小商业振兴委员会，1973 年还制定了《中小零售企业振兴法》，对中小商业采取了切实的保护措施。欧洲一些国家也规定大型零售企业周末不准营业，以为中小零售企业留出市场空间。而对中小零售商业最有效的保护和支持，是提高其自身的竞争能力。发展自由连锁，应当是提高中小零售商业市场竞争能力的有效途径。所以随着我国大型零售商业的发展对中小零售商业压力的增大，积极推进中小零售商业走自由连锁的道路是十分有意义的。

2. 有利于中小零售商业的规范管理，提高经营水平和经营质量。中小零售商业有其经营灵活性较强的优点，但大多数经营管理水平并不高。而在现代市场竞争中经营管理水平对于零售企业市场竞争力的提高是至关重要的。因为较高的管理水平可改善企业在消费者心目中的形象，并降低其经营成本。自由连锁通过规范成员店经营行为，实行统一采购、配送、定价和促销的做法，就能有效地改善中小零售企业的经营管理，提高经营质量。不仅能使其更好地满足消费的需要，也能提高自身的经营效益。同时由于自由连锁企业的联购分销，使供货商（生产企业或批发企业）的资金能尽快回笼，供应量能相对稳定，也有利于其发展生产和经营，从而有利于社会经济的良性循环。所以推动自由连锁的发展，实际上是真正把连锁经营机制扩展到全社会，推动社会商业的整体发展。

3. 在使中小零售企业受益的同时，自愿连锁也能在维护流通秩序、吸纳就业等方面起到积极作用。中小企业占我国企业数量的 99% 以上，自愿连锁提高了这些企业的组织性，有利于规范市场秩序，避免无序竞争。中小零售企业对劳动力的吸纳能力也是其他行业难以比拟的，企业有了稳定的发展，就能吸收更多的社会就业。

（三）自由连锁的主要特征

自由连锁的最大特点在于，各店铺在所有权和财务上是独立的，与总部没有所属关系，只是在经营活动上的协商和服务关系，统一订货和送货，统一使用信息及广告宣传，统一制定销售战略。

- 自由连锁的基本特点可概括如下：

1. 拥有一个或几个核心企业作为主导企业，核心企业是已经存在了的企业。可以是批发企业，也可以是大型零售企业。

2. 有众多分散的零售商加盟成为成员，这些零售商一般是小型的，但是独立的，商店资产归业者所有，经营者就是所有者。

3. 核心主导企业与各加盟的成员企业，是通过合同作为纽带联结在一起的，合同是各成员之间通过民主协商制定的，而不是特许连锁那样的定式合同。

4. 加盟的成员企业，在所有权、经营权和核算方面都仍保持着自主性和独立性。在此前提下，在统一进货、统一管理、联合行动等方面，按合同规定的内容执行连锁总部的要求，包括：交管理费、接受指导和从总部进货等。

5. 自由连锁组织的总部分两类：有的是单独设置；有的是由核心主导企业兼行总部职能。

- 自由连锁经营必须遵守以下四项原则：

1. 共同行动的原则。在自由连锁经营中，在本部全心全意对加盟店进行支援、指导的同时，加盟店必须积极与之配合，确保共同的行动。

2. 职能明确的原则。自由连锁总部，通过培养人才、加强物流系统、信息系统等进行战略性再投资的形式，确保连锁组织成员的利益。二者分工协作的联合，是自由连锁组织的基础。

3. 调整协调的原则。在自由连锁机构中，不排除各加盟企业彼此间的有益竞争，因为有效的竞争会给加盟店带来活力，但过分的竞争又会使加盟企业两败俱伤。所以要在尊重、重视各加盟店的经营自主权的同时，尽可能调整各店的经营，避免过度竞争带来的损失。

4. 为社区服务的原则。加盟自由连锁机构的，大多是分布在社区中的中小服务企业。因此“为地区居民服务”必须成为自由连锁组织基本的经营战略。要通过为当地居民服务，不断得到居民的信赖，使自己的商店成为社区不可缺少的设施，进而保证企业的发展和繁荣。

- 自由连锁总部的职能。

自由连锁总部还要行使加盟店委托的职能，尽最大的努力促使各加盟店的经营繁荣，同时，还要返还加盟店依靠规模经营所获得的利益，因此，在零售市场的竞争中，自由连锁总部的管理职能和经营战略直接决定着连锁事业的胜败。对总部而言，最重要的是充分发挥以下职能：

1. 集中进货管理，在自由的组织内设立有批发职能的系统。

2. 追求自由连锁的规模效益和效率。就连锁店的结构而言，加盟店数越多，规模效益和效率就越好。总部必须把增加加盟店作为自己经常性的工作；加盟店也要竭尽全力积极协助总部增加加盟店的数量。

3. 集中大量信息并向加盟店反馈。各加盟店每天与顾客直接接触，掌握消费需求和商店经营的实际信息。

4. 评价加盟店的业绩。首先总部要经常掌握、评价各加盟店的业绩，以利于有效的管理。自由连锁经营得以存在和发展的关键，是要加强连锁总部与各加盟企业的沟通与协调。其次必须限制加盟店经营上的随意性。这是为了发挥连锁组织的力量，共创自由连锁的整体效益。

（四）自由连锁的优缺点

1. 自由连锁的优点。成员店独立性强，自主权大，利益直接，有利于调动积极性和创造性；连锁系统的集中管理指导，有利于提高成员店的经营水平；统一进货、促销等共同事业，有利于成员店降低成本，享受到规模效益和整体组织化的好处；总部系统投资少，布网快。

2. 自由连锁的缺点。联结纽带不紧密，凝聚力弱；成员企业独立性大，总部集中统一运作的作用受到限制，组织不够稳定，发展规模和地域有局限性；过于民主，决策迟缓，竞争力受影响。

为了克服自由连锁的弱点，日本自由连锁协会提出了所谓“四原则”：

（1）成员间的“非竞争原则”。

（2）成员间的“平等性原则”。

（3）总部对成员实行的“经济利益性原则”。

（4）全系统的“共同合作原则”。

就是要在维护成员利益的前提下，强化集中统一的一面，克服松散的弊端。

（五）我国自由连锁发展中的障碍

我国城市的零售商业从20世纪90年代以来，也开始向大型化、现代化和连锁化的方向发展，出现了一大批大型的现代化百货商店和大卖场，出现了许多正规连锁和加盟连锁的超级市场和便利店，客观上也给分散经营的中小零售店铺带来了很大的竞争压力。应当说，自由连锁形成的市场环境条件已经存在，然而在我国自由连锁却没有得到很快的发展，究其原因，主要有以下几个方面：

1. 商业的社会组织化形式仍带有很强的计划经济色彩。处在计划管理体制之内的中小型商业是不可能向自由连锁方向发展的。

2. 中小零售商业的私有制化状况还很不成熟。在零售商业私有化程度还比较低、市场行为还很不成熟的情况下，我们很难期望自由连锁可以自发地得到发展。

3. 社会各方面对发展中小零售商业自由连锁的配套条件尚不健全。实际上我国的社会管理部门和社会支持系统并没有对这一形式的出现有所准备，这就客观上使自由连锁的发展受到了阻碍，使想要开展自由连锁的企业感到迷茫和并存在较大的预期风险。

此外，一定的文化背景也决定了自由连锁发展的快慢，如团体意识比较强的日本，自由连锁发展就比较迅速。1966年日本自由连锁组织只有43家，到1990年就发展到129家；而在个性意识比较强的美国，则主要是以特许连锁的发展为主。中国传统文化意识中，“自给自足不求人”的小农经济思想比较强烈，所以也阻碍了自由连锁的发展。

总之，自由连锁是一种组织性的业态创新，对于中小批发商（或大型商品配送中心）来说，可以通过灵活的经营战略，不失时机地抓住有销售能力的零售业态向其提供商品供应。并且通过自由连锁，将分散在流通各环节的经营资源有机整合，加以科学运作，提高各自的投资效率，再通过有效地运用自由连锁流通系统，以增加返还的附加价值，使所得利益由生产、批发、总部、加盟店与消费者共享。

四、学习资源

1. 中国经济信息网。
2. 中国产业经济信息网。

五、训练

（一）名词解释

1. 自由连锁
2. 核心企业

（二）单项选择题

1. 世界上第一家自营连锁的商店是(　　)。
   A. 大西洋和太平洋茶叶公司　　B. 肯德基
   C. 麦当劳　　D. 胜家缝纫机公司
2. 根据我国的目前状况，发展(　　)的难度较大。
   A. 现代超市　　B. 直营连锁
   C. 特许经营　　D. 自由连锁
3. 将成为未来连锁业发展的主要经营方式的是(　　)。
   A. 直营连锁　　B. 特许连锁
   C. 自由连锁　　D. 正规连锁
4. 分店不具有企业法人资格的连锁经营形式是(　　)。
   A. 正规连锁　　B. 特许加盟
   C. 自愿连锁　　D. 以上都不对
5. 自愿连锁是指(　　)。
   A. 直营连锁　　B. 特许连锁
   C. 合同连锁　　D. 自由连锁

（三）多项选择题

1. 日本自由连锁协会为了克服自由连锁的弱点，提出了以下哪些原则？(　　)
   A. 成员间的“非竞争原则”　　B. 成员间的“平等性原则”
   C. 总部对成员实行的“经济利益性原则”　　D. 全系统的“共同合作原则”
2. 自由连锁的缺点有哪些？(　　)。
   A. 成员企业独立性大，不利于统一运作　　B. 联结纽带不紧密，凝聚力弱
   C. 过于民主，决策迟缓，竞争力受影响　　D. 组织不够稳定

（四）判断题

1. 发达国家所采取自由连锁的组织类型一般是以批发为主导型。　　(　　)
2. 就连锁店的结构而言，加盟店数越多，规模效益和效率就越好。　　(　　)

（五）简答题

1. 直营连锁的特征？
2. 特许连锁的特征？

3. 自由连锁的特征？

（六）分析题

试比较分析直营连锁、特许连锁、自由连锁的适用范围。

项目五
5 连锁经营战略

随着国际大企业闯入中国市场，连锁经营方式猛烈地冲击着我国传统的流通体系。连锁经营已遍布整个第三产业的几乎所有行业，特别是被广泛地应用于服务业领域。连锁经营正迅速成为中国最具获利能力的投资方式和创业途径。中国发展连锁经营的时机已经成熟，是世界上最大、最富有潜力的连锁经营市场。

企业连锁经营战略要解决的是企业与销售市场之间的结合问题，是企业管理的核心问题。有了正确的战略选择，其经营活动才有现实意义，战略上的失败是企业最根本性的失败。

本项目主要针对直营连锁与加盟连锁战略、竞争战略、规模发展战略进行描述。

任务1
直营连锁与加盟连锁战略

一、背景

企业发展战略的种类可以有多种不同的划分方法。按企业发展的不同阶段划分，包括三个方面：运营战略、扩张战略和竞争战略。运营战略是企业为实现基本经营目标，通过对企业的外部环境和内部条件的分析而制定的较长期的全局性决策。它是企业组织活动长期性质的基本设计图，主要解决企业组织与市场环境结合的问题；扩张战略则是企业发展到一定阶段时，需要扩大生产规模，为实现企业资产的扩大再生产、获得规模效益而做出的决策；竞争战略是企业在发展到一定的市场规模后，为实现企业价值最大化而同业内其他企业之间产生的市场份额和客户占有率方面的争夺策略。

二、学习目标

1. 掌握直营店的定义和特点。
2. 了解直营店的积极影响和不利影响。
3. 区分直营连锁和加盟连锁的区别。

三、基础知识

（一）直营连锁与加盟连锁战略

直营连锁与加盟连锁经营作为企业一种集团化、规模化生存和发展的经营组织形式，发展和扩张是它生存的动力。但制定直营连锁与加盟连锁企业的发展战略，首先必须对直营连锁与加盟连锁企业和外部环境进行评估。不同的直营连锁与加盟连锁企业选择的发展方式、发展的模式都是不同的，因而在制定直营连锁与加盟连锁企业的发展战略时，要具体问题具体分析。直营连锁与加盟连锁企业的发展战略主要有以下几种：

1. 发展的资本战略。直营加盟店要扩张，需要大量扩张的资本。加盟连锁店可以用自己创业经营的积累作为扩张资金来源。但仅靠创业者自身积累和企业积累，扩张的步伐太慢。扩张资本来源一般有以下几种：一是通过股票筹资和股票上市，二是举借外债，三是风险投资，四是兼并、重组、合作。

2. 扩张发展方向战略。扩张发展方向战略，即品牌的选择和区域的选择。如果某品牌市场已高度饱和，成长已无潜力，则可以考虑向其他品牌扩张；区域扩张取决于两个因素，一是要准确获取扩张区域的市场情况与竞争水平，二是加盟连锁体系的分店分布（布点策略）与其扩张区域联系是否紧密。

3. 发展方式战略。发展方式战略主要有三种扩张方式供选择：第一种扩张方式是自身不断开出分店，也就是直营扩张；第二种是兼并，通过对小型加盟连锁商店或独立零售商实施兼并以扩大加盟连锁规模；第三种是特许加盟。

4. 扩张速度战略。加盟连锁企业的扩张速度要具体问题具体分析。直营加盟连锁扩张速度不宜过快，否则会出现资金供应紧张，债务负担过重。特许加盟连锁由于是低成本扩张，速度可以快很多，如上海华联一年可以开几百家。当然扩张过快，新店质量下降，而且规模的迅速扩大可能引起企业一系列不良反应，所以，最好选择稳扎稳打的、开一家成功一家的策略。

（二）我国连锁发展的策略选择

1. 选好目标市场，准确定位。随着我国经济的快速发展，居民收入的逐渐增加以及消费观的日趋多样化，我国城市消费市场正在由同质消费向差异化消费转化。目前，我国很多城市中已出现了若干不同的消费层次和消费群体。市场需求的差异化，要求企业认真选好目标市场，准确定位，尽快开展差异化营销，以赢得竞争的主动权。

尽管连锁超市以经营大众日常生活用品为主，但市场差异性决定了企业可以进行市场细分，选择不同的目标市场进行营销活动，采取不同的定位方式。一般定位主要从以下几个方面考虑：

（1）区域定位。区域定位是以空间为基础的最传统的定位方式。主要是从地理意义上确定目标市场，即明确商圈的范围及商圈内顾客的类型、消费特征、购买期望等，并据此安排店铺的布局。

（2）规模定位。规模扩大是连锁超市的主流发展趋势，但这并不是说现代连锁超市都是规模庞大的。规模定位主要考虑规模的大小：①单体店规模：有的单体店规模只有几十平方米，有的规模则达到几万平方米。②连锁规模：连锁超市规模涉及分店规模和分店数量。

（3）品类定位。根据“手风琴理论”，在零售业的发展过程中，存在着商品种类由综合化到专业化再到综合化循环往复的过程。也就是说，商品系列从综合化的时代（小深度/大宽度）到专业化的时代（大深度/小宽度）再到综合化的时代（小深度/大宽度），如此循环变化。一般认为连锁超市的商品种类定位以小深度/大宽度为宜。如美国一些超市经营的商品超过了10万种，我国很多超市经营的商品都在万种以上。但品类定位在向综合化发展的同时，也出现向专业化方向发展的趋势。

（4）竞争定位。一般定位方式有：**“明星”式定位**。行业内的领先者通常用此方法。如2003年实现合并的上海百联（集团）有限公司（零售连锁部分）以485.2亿元销售额、4357家店铺的业绩名列全国同行业首位。**“迎头”定位**。这是一种与竞争者针锋相对的定位方式，通常适合市场挑战者采用。**避强定位**。这是一种避开强劲竞争对手的市场定位方式。企业可以通过市场分析寻找未被重视或未被控制的市场。如南京苏果超市的选址大多在人口密集的居民小区，尽可能地贴近百姓，与洋超市大卖场展开错位竞争。

2. 合理选址布局。连锁商店首先出现在现有大零售商尚未有能力建立起来的那些行业和部门。连锁商店都分布在小城镇及大城市的郊区，而不是大城市的中心或乡村地区。从我国的现状来看，由大城市向中小城市或周围城镇进军，由城市中心向各个生活小区渗透，成为我国连锁超市企业与外资商业企业形成差异的重要途径。我国连锁超市企业在店址选择上，应借鉴国外经验，除考虑市场定位因素外，还应综合考虑城市的商业容量、商业区位、交通以及竞争状况等因素。

（1）要考虑城市的商业容量。选址应考虑城市类型和城市的商业容量。以大型仓储超市为例，城市对大型仓储超市的“承载力”是有限的。一般业内人士认为，该业态的人口门槛为10万人，即每10万居民配备一个大型仓储超市是比较合理的，如果少于10万人，则该业态将面临激烈的“消耗性竞争”。另外，城市居民的购买力也是有限的，因此，一定地域范围内销售市场的份额也是相对固定的。在一定的居民数量范围内，商店密度越高，平均客流量就越少，商店之间的“消耗性竞争”就越激烈，投资者的收益也就越少。

（2）要考虑商业区位。一般说来，城市中心商业区属商业繁华地带，是企业选址的重点，因为它可以吸引大量的顾客。如沃尔玛在南京就选择了中心商业区——新街口商业区。新建居民区也是企业的首选区域，由于新建居民区商业设施少，地价相对较低，未来变动拆迁的可能性小，企业既可避开激烈的竞争，又可靠近消费者，减少地租，降低开店成本。

（3）要考虑商圈规模。从所处地区的商圈规模来看，一个超市的商圈规模一般分为三个级别，即核心商圈、次级商圈和边缘商圈。不同规模（级别）的商圈，其市场份额是不同的。核心商圈市场份额一般在55%~70%，次级商圈一般在15%~25%，而边缘商圈则只有5%~15%。因此，选址时其所处商圈的规模是一个重要的考察因素。

（4）要考虑交通与客流情况。交通状况对选址也非常重要，交通是否便利既影响着连锁超市进货、送货的安全性、经济性和时效性，也影响着顾客光顾此店的难易程度、光顾频率和购买意向。因此企业在选址布点时应考虑在交通最便利、人流量最大的地方开店，另外还要考虑停车情况，即是否有方便顾客停放车辆的地方。

（5）要考虑商业聚集效应和竞争状况。连锁超市企业在选址时应考虑在商店聚集的地段开店。一方面这种地段聚集着众多的商家，拥有大量的客流；另一方面该地段市场购买力强，买卖频率较高，可为企业带来可观的营业额和经济效益。当然，企业在此开店还应充分考虑竞争对手的地理位置和竞争实力，以免因过度竞争而导致企业自身经营失利。

（6）要考虑成本核算。从经济角度预算在某个地点开店所需要的投资。投资成本主要包括租金、设备、工资、工程、设计费、管理费等。企业应根据自身的经济实力量力而行。

（7）要考虑市政规划和相关的法律法规。连锁超市在选址时不但要了解市政建设的现状，更要明确未来城市、乡镇的远景规划和市政建设的总体要求，如社区规划、交通网络建设、商业区建设规划等，因为这些都会对连锁超市未来的经营产生重大影响。同时企业还必须依法进行选址，坚持经济效益和社会效益相结合的原则。

连锁超市企业除考虑上述因素外，在选址的具体操作上，还要进行深入的市场调查，认真研究连锁网点的整体布局。至于网点的数量和每个网点的规模，可运用运筹学和线性规划等方法加以解决。另外，政府应统一规划，严格审查，从而实现网点的合理布局。

3. 选择合理的业态和发展战略。目前，我国零售业的主要业态有百货店、超级市场、大型综合超市、便利店、仓储式商场、专业店、专卖店、购物中心等。这是对目标市场进行细分和选择的结果。将超市与其他业态结合，连锁超市大致可分为以下几种：

（1）百货超市。它是传统超市与百货店两种业态兼容的结果，以生鲜食品为基础，强化服装、家电、化妆品等百货类商品，营业面积在5000～10000平方米，地处城市繁华区或交通要道。

（2）仓储超市。是超市与仓储式商店有机结合的结果，营业面积一般都在10000平方米以上，实行廉价销售，经营品种齐全，坐落在城乡结合部、住宅区、交通要道，地价较为便宜，附设大型停车场。

（3）专业超市。是超市与专业店有机结合的结果，通过规模化、系列化与专业化经营，能适应休闲经济发展和生活多样化的客观需要，面积一般在3000～5000平方米之间，也有个别超过10000平方米以上的。

（4）便利超市。是超市与便利店有机结合的结果，以供应简便食品和日常用品为主，营业面积在1000平方米以下，主要设在居民区、主干线公路边以及车站、医院、娱乐场所、机关、团体、企事业单位附近等。

（5）超级中心。是超市与折扣商店结合的结果，以廉价取胜，遵循“一站购齐”原则，选址多为地价较低的郊外，购物环境比折扣商店舒适些。

（6）标准超市。以销售食品、生鲜食品、副食品和生活用品等购买频率高的商品为主，商店营业面积在1000平方米左右，主要设在居民区、交通要道、商业区。

企业可根据目标市场的特征进行合理的业态选择。如经济发达地区的连锁超市企业适合选择仓储超市、专业超市等业态，这样可以满足这些地区居民对商品的品牌化、个性化和多样化等高层次需求。经济欠发达地区的连锁超市企业应将零售业态选择重点放在中小型仓储超市和便利超市上，以满足消费者基本生活之需和廉价购物的需求。企业还应考虑业态发展战略，即实施单一业态的发展战略还是多种业态的发展战略。单一业态的发展战略是指把自己的发展战略限定在同种业态范围之内，这样可以充分发挥自身的经营优势、管理经验、商号价值，集中资本尽快形成规模经济，提高核心竞争力和盈利水平。一般来说连锁企业发展初期应以单一业态发展战略为主。

多种业态的发展战略是指把自己的发展战略定位在整个零售业的范围之内，根据拟定区域的市场特征、竞争态势、需求状况、物业条件等选择适合自身发展的业态，并对所选择的业态进行有效组合。如苏果超市实施多业态组合战略，充分吸引顾客。苏果大型综合超市拥有超大的购物空间和异常丰富的商品品类，几乎包罗了所有日用品，提供了更大的挑选空间，真正实现了人们日常生活用品的“一站式”购买。苏果便利店坚持24小时营业，随时提供方便快捷的服务。在一个商圈内，苏果超市的大、中、小店各具特色，在品牌结构、服务功能、经营时间等方面互补，满足了不同消费者的需求。

4. 培育企业核心竞争力。企业核心竞争力是由企业的各种能力要素按照一定的内在联系整合起来的能力结构系统。

（1）企业组织规模竞争力。**规模经济竞争力**：实践证明，随着企业规模的扩大，经济效益明显提高；而当企业的规模达到一定的极限时，如果再继续扩大企业的规模，其经济效益将呈递减趋势。对于不同行业的企业，规模经济的极限是不同的。**范围经济竞争力**：与单一经营相比，实施多种经营可以降低成本，获得范围效益。**集成经济竞争力**：从现代供应链角度来看，如果零售企业与生产企业能够把各自的销售网络整合成统一的销售网络，就取得了集成经济竞争力。

（2）市场竞争力。**市场占有率竞争力**：市场占有率指标直接反映企业的市场开拓能力。**服务质量竞争力**：企业提供给顾客的产品和服务应具有企业自身的特色，并能得到消费者认同。**品牌竞争力**：企业的品牌一旦在市场上树立起来，在消费者心目中就占据了一定地位。具有品牌竞争力的企业在市场上可以获得充分的品牌扩散效应。**营销竞争力**：企业通过产品价格、分销、促销等营销手段，使经营更有特色，企业更有市场竞争力。

（3）管理竞争力。**信息管理竞争力**：主要指企业资源调配的信息管理和客户数据库的管理，企业的数据库资料越完善，企业的竞争力就越强。**管理水平竞争力**：企业要正常运转，就必须按照既定的规章制度办事，并随着环境的变化对原有的规章制度进行改革。**人才管理竞争力**：企业是靠人经营的，企业只有吸引和留住优秀人才，才能在市场竞争中取胜。

（4）创新竞争力。**学习竞争力**：企业通过对环境的不断适应和学习，争取更大的生存空间。**创新竞争力**：主要包括体制创新、制度创新、技术创新、业态创新、经营方式创新等。

连锁超市企业根据上述能力结构系统，可以在成本、品牌、产销供应、物流、信息管理等各个方面挖掘企业的竞争能力，并在竞争中长期保持竞争优势。

诚信、令人愉快的购物经历，公正而稳定的价格，合理的商品分类，简便的购物过程等，也成为当今零售业巨头成功的诀窍，很值得中国连锁超市企业认真研究。

5. 培养高素质人才。连锁超市企业要提高竞争力，就必须建立一支高素质的员工队伍，以职工为本，以人才为本，以消费者为本。要由过去的单纯管人转变为设法激发员工的积极性，利用激励机制，吸纳人才，培养人才，留住人才。建立良好的用人机制、激励机制和培训体系，使企业拥有一支极具战斗力的队伍。对人才的培养是企业常抓不懈的一项重要工作。连锁超市企业人才培养的内容主要有以下几个方面：

（1）现代化流通规则。当前对人才的培养首先要让他们熟悉世界贸易组织规则以及我国在加入世界贸易组织谈判中的承诺，熟悉国际商务和法律等。

（2）现代流通方式。对人才的培养既要让他们了解连锁经营、物流配送、电子商务的基本原理、运行模式、发展规律等，还要及时掌握全球新型流通方式的发展动向和趋势。

（3）现代流通管理。管理是企业永恒的主题。连锁经营、物流配送、电子商务等现代流通方式的管理与传统流通方式的管理相比，在观念、方式和手段等方面都有很大差别。只有依靠现代管理，才能把现代流通的优势充分发挥出来。因此，加大现代流通管理的培训力度，可以培养出更多高素质的管理人才。

（4）现代流通技术。现代科技特别是现代信息技术是流通现代化的灵魂和动力。像POS、MIS、EDI等系统，在强化管理、加快周转、降低费用、改善服务等方面都有不可替代的重要作用。因此，应加强对现代流通技术的培训，使更多的员工能够尽快掌握并熟练运用。

6. 规范公司运营。连锁超市经营要遵循规范化原则，努力做到统一店名，统一标识，统一采购，统一配送，统一价格，统一服务，统一培训，统一信息，统一店貌，统一核算等。强化规范化管理，可以从以下几个方面建立规范和标准：

（1）企业形象的规范和标准化；

（2）编写标准化的信息资料、培训教材和经营手册；

（3）建立标准店，为培训和开发新的加盟店提供实体样本；

（4）制定标准化的商品布置和陈列模式；

（5）制定统一的商业文件和表格形式。

当然，连锁超市经营的规范、统一，绝不是表面的简单复制，而要注重效益，注重市场的适用性。如果只学习成功连锁超市的表象，而未领悟其经营精髓，企业是搞不好的。

连锁超市企业要提高经营管理的规范化水平，应重点完善连锁企业总部的功能，发展总部在采购配送、经营指导、市场开发、促销策划、教育培训等方面的职能；提高总部统一采购配送的比例；完善连锁企业内部各个环节的管理，建立健全各个岗位、各道工序、各项作业的规章制度。另外，还应尽快建立和完善电子信息系统，大力促进商业活动的信息化、智能化和网络化。要建立商业信息系统和商业决策支持系统，使企业能及时整理、分析各类信息，并依据准确信息对市场进行超前预测和预警预报，避免经营活动的盲目性；建立商品供货系统，变盲目采购为网上供货与营销，以净化进货渠道，保证商品质量，降低采购成本；建立商务网络系统，将消费者、经销商和供货商等联系在一起，缩短商品周转时间，降低交易费用等。

四、学习资源

1. 前瞻产业研究：《2013—2017年中国直营连锁深度调研与投资战略规划分析报告》。

2. 服装加盟连锁企业几种主要的发展战略："服装企业连锁经营模式分析"，《中国市场》，2012 年第 49 期（2）。

3. 市场分析："我国连锁超市发展的策略选择"，《中国流通经济》，2005 年第 1 期。

五、训练

（一）名词解释

1. 核心竞争力

2. "手风琴理论"

（二）单项选择题

1. (　　)可以充分发挥自身的经营优势、管理经验、商号价值，集中资本尽快形成规模经济，提高核心竞争力和盈利水平。

A. 单一业态的发展战略　　B. 规模发展战略

C. 持续发展战略　　D. 多种业态的发展战略

2. (　　)主要指企业资源调配的信息管理和客户数据库的管理，企业的数据库资料越完善，企业的竞争力就越强。

A. 管理水平竞争力　　B. 信息管理竞争力

C. 人才管理竞争力　　D. 品牌管理竞争力

（三）多项选择题

1. 将超市与其他业态结合，连锁超市大致可分为以下几种？(　　)。

A. 百货超市　　B. 仓储超市

C. 超级市场　　D. 便利超市

2. 连锁超市可以采取哪些不同的定位方式？(　　)。

A. 区域定位　　B. 规模定位

C. 品类定位　　D. 竞争定位

（四）判断题

1. 随着企业规模的扩大，经济效益明显提高；而当企业的规模达到一定的极限时，如果再继续扩大企业的规模，其经济效益将呈递减趋势。(　　)

2. 特许加盟连锁由于是低成本扩张，其扩张速度可以很快，如上海华联一年可以开几百家店，从而实现规模的迅速扩大。(　　)

（五）简答题

1. 连锁超市应从哪些方面强化规范化管理？

2. 我国连锁超市企业在店址选择上应综合考虑哪些因素？

（六）分析题

“鱼一哥”宝塔火锅逐渐向加盟连锁转移

进入21世纪初，竞争日趋激烈的经济环境使得许多带有连锁性企业，尤其是中小餐饮企业为了改变传统分散、单体经营形式带来的弊端，以“鱼一哥”宝塔火锅为例，采用国外先进餐饮经营模式，打破了传统的餐饮经营模式。

人们越来越倾向于回归我国传统美食。“鱼一哥”宝塔火锅抓住这一难得的市场机遇，将我国传统美味融入了国外美食安全、新奇的优势，重磅进军国内餐饮行业。而其最核心的竞争力则是自身拥有国宝级厨师掌厨、独家配置的火锅配料和套餐，美味干净、让食客们操作简单就能吃到美味，这也是火锅大受人们欢迎的重要原因。2014年“鱼一哥”宝塔火锅面向全国展开招商活动，王宝强便是受邀为“鱼一哥”品牌代言的人气明星。为加盟商提供全方位服务，如配料设备的配送、技术支持、产品的后续研发等，不断为加盟商提供新品，以确保经销商有更大的发展空间，使盈利更有保障。一锅包揽了几乎所有的美食种类，这样的品牌，一定会有极大的市场。李老板的“鱼一哥”，已经在他的城市成了最有名的美食之一，几乎成了那一片的地标性店面。

据“鱼一哥”宝塔火锅的吕长海师傅介绍，每种组合都会注重营养的优势结合，除会提供人体每天必需的各种维生素之外，在蛋白质与纤维素的搭配上，“鱼一哥”宝塔锅王更是下足了工夫。当“鱼一哥”宝塔锅王的火锅美味上桌，只需要2分钟就可以先喝上一碗营养的浓汤时，你的心里立马下了另一个定论，美味原来是这样触手可得。

由于火锅的迅速普及以及加盟连锁制度的成熟，“鱼一哥”宝塔火锅逐渐向加盟连锁转移，改变了过去直营店的单一经营模式，大大拓宽了行业经营范围。

（资料来源：宁乡网——行业视角：“鱼一哥”宝塔火锅逐渐向加盟连锁转移。）

问题：

1. “鱼一哥”宝塔火锅大受人们欢迎的重要原因有哪些？
2. “鱼一哥”宝塔火锅如何实现由过去直营店的单一经营模式逐渐向加盟连锁转移的？

任务2
竞争战略

一、背景

在企业运营和扩张的过程中，不可避免地要产生与业内或业外的企业在资源方面的竞争，也由此产生了在不同价值观支配下的不同环境、不同发展阶段、不同行业的不同竞争策略和方式。

竞争战略是在市场上企业与竞争对手竞争的基本方针，目的是使企业的经营活动能在所有的竞争者中技高一筹，在竞争中占据有利地位。连锁店必须有明确的竞争战略，才能在激烈的商战中脱颖而出。

二、学习目标

1. 掌握三种主要竞争战略。
2. 理解连锁店实施竞争战略的步骤。

三、基础知识

（一）主要竞争策略

1. 总成本领先战略。追求成本优势，就是使企业的成本低于竞争对手的成本，在市场上以低成本取得领先地位，形成优势。成本优势战略要求企业必须确保以低价购进原材料，采用先进的技术设备，建立高效率的生产经营体制，努力降低各种费用。对于连锁企业，成本控制关键在物流体系中。商品采购在物流中心的整合，存在于管理商品配送的每一个环节，这些环节都是成本控制的目标。根据木桶原理，在竞争残酷的市场中，只要有一个环节成本降不下来，就会影响整体成本优势的发挥，所以，追求成本的优势必须做到每一个可控制的环节中都要将成本降到最低。

2. 差异化战略。差异化战略是回避直接竞争的基本手段。差异化战略中最主要的问题是确定在哪些方面或把哪些要素差异化。差异化战略已逐步发展为企业与竞争对手竞争的武器。因此，采取差异化战略需要考虑三个方面的因素：一是顾客有什么需求；二是找出竞争对手；三是评估持续比较优势的能力。前两点决定了企业在市场中的竞争状态，第三点主要是考虑企业经营资源和经营能力。差异化不是短期的策略而是需要长期使用、不断占用对手的手段，所以要保持长期比较优势。

实行差异化战略首先要把市场上的顾客按要求核心的不同分为几个不同的客户群，其次要求企业在满足顾客需要方面具有其他竞争对手无法抗衡的优势，以充分吸引顾客的购买兴趣，实现企业优势与顾客需求核心的一体化，加深企业需求核心的差异化程度。

3. 目标集聚战略。目标集聚战略即确定企业的重要目标，然后通过长期集中的资源投入来追求主要目标的实现，带动企业整个经营活动的开展。

一个企业如果能够成功地贯彻其中一种基本战略，或者成为产业中的低成本领先者，或者在产品或服务的某些方面取得独树一帜的经营歧异性，或者集中资源在某一特定的细分市场取得成本优势或新异，那么它就能获得高于产业平均利润的超额利润。

（二）实施竞争战略的步骤

连锁店竞争战略包括确定目标市场、确定经营目标、确定竞争优势三个方面。

1. 确定目标市场。连锁店目标市场确定有两层含义：一是确定在什么地点开店，也就是把什么区域作为目标市场；二是确定以什么样的顾客作为服务对象。

（1）商圈。在选择开设新店的位置时，首先要明确商圈的概念。商圈指以店铺为中心，向外延伸一定距离，以此距离为半径画一个圆形的区域，也称为消费圈。商圈的大小依据业态的不同会有所区别。以零售业为例，一般以方圆 500m 为主商圈，方圆 1000m 为次商圈，不过店铺规模的不同也是影响商圈范围的重要因素。在进行商圈调查时主要从以下几个方面入手：人口、职业、年龄层调查；商圈消费习惯、生活习惯调查；流动人潮调查；网点设施及竞争店调查；商圈未来发展调查等。

（2）商务区。在确定商圈后，经营者接下来必须确定在商圈的什么区域选定一个地址。通常有三种商务区可供选择：处于公路或街道两旁的独立分布的商店；未规划的商务区；规划的商务区。这三种区域在竞争性商店的数量与构成等方面具有不同的特点。

独立分布的商店一般有下列优点：没有直接竞争，租金成本较低，有很大的空间，灵活性大，易于停车。其缺点是：因为消费者大多希望在不同的店铺中比较后购买商品，因此独立分布的商店开始会难以吸引最初的消费者；广告成本高，部分公共设施的支出无法与其他店铺分摊。通常只有大型的零售商才适合在独立分布的商店区开店，因为小商店不可能开发出相应的客流量。

未规划的商务区是指没有经过事先规划就有多家商店处在相近位置的区域。未规划的商务区通常有三种情况：①中央商务区（CBD），是一个城市最大的商业区，也是城市的零售中心，区域内拥有大量办公楼和商店，具备充足的文化和娱乐网点，行人和车辆高度集中。中央商务区适合于连锁店总部的选址。②次级商务区（SBD），通常由城市中两条主要的街道相交形成的，一个城市往往有几个次级商务区，每个区域内至少有一个大型百货商店以及其他一些商业服务业网点。对大型城市来说，次级商务区的地位相当重要，但其商店规模一般小于中央商务区的商店，商圈也相对要小。③居民商务区（NBD），通常以满足居民方便购物需要为功能目标，店铺较小，主要以超市和方便店为主，产品和服务有限。

规划的商务区是集中管理的，被规划为一个单位，在所提供的商品品种、花色、质量等方面各家商店相互补充，并与商圈中的人口规模与需求相适应。20 世纪 80 年代以来，国际上规划的商务区逐步兴起，其主要优点是：由于规划的科学定位，能够为消费者提供适当的产品和服务，合作规划的成本负担可以由各个店铺分担，商品品种丰富，交通便利，客流量大。主要缺点是：营业时间不灵活，竞争较激烈，大店居主导地位等。

在店铺的地址选择中，还应综合分析以下两点：一是所要开店区域的市场情况与竞争水平。二是连锁店总店与分店的分布与其开发扩张的区域联系是否密切。在区域选择上通常可以采取下列方式：第一，以现有连锁店的总店或分店为中心区域，以同心圆方式，向四周扩散；第二，依托与总店、配送中心和现有店铺之间的交通网络进行扩张，在主要交通线交汇处设立网点；第三，依托与连锁店总店配送中心连接的主要交通干道，在其两侧实施带状扩张。在选择区域时，可对有关地区进行商圈分析、区位分析、地点分析，严格按业态所需要的条件确定开店的地点。

下面结合一些实际案例进行分析。在我国台湾地区，洋快餐与本地的土快餐在连锁经营领域展开了激烈的竞争。麦当劳的分店多以居民区为目标市场，在地点的选择上注重与物流配送结合；肯德基则以商业区和学校为主要目标市场。台湾本土的快餐连锁店“唯王”就选择以办公区、商业区为主要的目标市场；而“三高巧福”则选择目前尚无快餐连锁业的区域为目标市场。

（3）目标顾客。以什么样的人作为顾客是连锁店目标市场决策的另一个重要方面。大多数经营者认为，顾客群的确定应在地点选定之前，只有这样才能寻找目标顾客最密集的区域开设店铺。在确定以什么样的顾客为目标市场时可以考虑地理因素、心理因素、职业因素、年龄因素和消费行为偏好等多种因素。我们还是以我国台湾地区的快餐连锁业为例，麦当劳以年龄作为划分目标市场的主要依据，其中以年轻人为主；肯德基以家庭全部成员作为目标市场；“唯王”和“三高巧福”则以职业划分作为目标市场划分的依据，选择学生和上班族为主要顾客。

知识链接：5W1H 原理

发达国家连锁店经常运用 5W1H 原理分析消费行为，确定目标市场，这种方法简单易行，主要内容是：What——消费者到市场购买何物，进而规划产品。Why——消费者购买的理由，进而了解消费动机。Who——消费者扮演何种角色，了解谁是决策者、购买者、使用者。When——消费者何时购买，了解尖峰、高峰时段、淡季、旺季。Where——消费者到哪里购买，了解消费地点。How——消费者如何购买，了解消费者个性、社会阶级属性、产品特色等购买模式。

目标市场明确是连锁店其他战略决策的基础，只有目标市场明确才能确定企业的竞争优势，确定企业的营销组合。

2. 确定连锁店经营目标。对连锁店而言，其目标是追求利润还是追求市场这一点非常重要，追求利润目标的连锁店可能会降低品质和服务水平，特许连锁形式的连锁店可能会大量出售特许权，如果控制不当，这种情况会导致连锁店在市场上的地位不稳定。而为了追求利润，将价格定在较高的水平，又可能引起竞争者纷纷加入，对连锁店的地位和利润构成威胁。因而连锁店应以稳定的市场为目标，在市场增长阶段应追求市场占有率的提高。市场占有率是利润的源泉，没有市场占有率为基础，连锁店的规模优势就发挥不出来。

连锁店还要确定企业利润的主要来源。在不同分店中利润主要来源于哪些分店？在不同区域中利润主要来源于哪些区域？在不同产品和服务中利润主要来源于哪些产品和服务？对主要利润来源的区域、分店、产品要重点保护，以防竞争者的攻击。当然，提高市场占有率，打击竞争对手的最有效办法就是对其主要利润来源进行攻击。比如，在对手分店密集、利润高的地区开设分店，或将对手主要利润来源的产品与服务降价出售等，均能给对手打击和震撼。连锁店目标的实现有赖于采取正确的竞争战略。

3. 确定连锁店竞争战略。连锁店的竞争战略决策是以竞争情况分析为前提的。竞争情况分析最常用的方法是优势弱点分析法和机会威胁分析法。

优势弱点分析是明确地将本连锁店与竞争对手进行对比，借以发现自身超过竞争对手的优势和不如竞争对手的弱点。优势和弱点可以在连锁店的产品、服务等各个环节进行比较。通过优势弱点分析可以使连锁店制定进一步扬己之长、克敌之弱点的战略。

机会威胁分析和优势弱点分析不同，优势弱点分析是就连锁店的实际经营而言的，机会威胁分析则是针对连锁店的经营环境而言的。机会是指经营环境中出现的有利于连锁店经营的变化。如各国政府对连锁店的支持；金融界放宽对连锁店的融资条件；消费者对连锁店的信任感增强；供应商为连锁店提供优惠供货条件等等。连锁店经营者要善于利用上述机会抓住时机发展。威胁则是环境中出现的不利于连锁店经营的变化因素。如政府立法限制连锁店的市场占有率、各地消费者对连锁店的进入持怀疑态度等。针对环境中出现的威胁，连锁经营者要善于应对。对一般经营者来说，机会水平高而威胁水平低的区域是最好的投资区域。

四、学习资源

《2013—2017 年中国直营连锁深度调研与投资战略规划分析报告》。

五、训练

（一）名词解释

1. 目标聚集战略
2. 机会威胁分析法

（二）单项选择题

1. 对于连锁企业，成本控制关键在于(　　)。

A. 物流体系　　B. 管理体系

C. 人才体系　　D. 库存体系

2. (　　)是集中管理的，被规划为一个单位，在所提供的商品品种、花色、质量等方面各家商店相互补充，并与商圈中的人口规模与需求相适应。

A. 未规划的商务区　　B. 独立分布的商店

C. 规划的商务区　　D. 以上都不对

（三）多项选择题

1. 竞争情况分析最常用的方法有哪些？(　　)。

A. 优势弱点分析法　　B. 机会威胁分析法

C. 杜邦分析法　　D. 因子分析法

2. 未规划的商务区通常有哪几种情况？(　　)。

A. 中央商务区（CBD） B. 居民商务区（NBD）
C. 高端商务区（ABD） D. 次级商务区（SBD）

（四）判断题

1. 根据“木桶原理”，在竞争残酷的市场中，只要有一个环节成本降不下来，就会影响整体成本优势的发挥，所以，追求成本的优势必须做到每一个可控制的环节中都要将成本降到最低。（ ）

2. 对一般经营者来说，机会水平高而威胁水平低的区域不一定是最好的投资区域。（ ）

（五）简答题

1. 连锁店实施竞争战略的步骤有哪些？
2. 连锁店在市场竞争中可以采取哪些主要竞争策略？

（六）分析题

连锁店形成和维持其竞争优势的三种战略

• 价格优势。连锁店以较为低廉的价格作为竞争的武器来争取顾客。比如日本大荣连锁店的经营宗旨是：大量廉价销售优质商品，其核心就在于廉价。连锁店之所以可以以价格优势竞争，关键是连锁经营可以有效地降低成本，通过规模经济和一体化来降低采购运输、广告和运营费用。这样以成本领先来降低价格，既不会降低企业的利润率，又可以给竞争对手以有力的打击，还可以扩大市场，争取消费者，最终提高利润总额。这就是我们常说的薄利多销，对于大型连锁店而言，这种策略相当有效。

• 集中优势。连锁店采取集中化的策略，原因在于能够集中有限资源，以更高的效率、更好的效果为目标客户服务，从而超过竞争对手。集中也可以降低成本，支持价格策略，尤其是形成企业独特的优势。集中包括区域、顾客和产品服务集中三个方面。区域集中战略是指连锁店集中资源在特定地区内开设店铺，可以使有限的广告投入和配送能力在该地区充分的发挥作用，从而使连锁店在这一区域内稳定地占有市场，获得地区范围内的竞争优势。顾客集中，实质上是连锁店把主要资源集中于特定的顾客，把他们作为广告的诉求对象，调查和了解他们的主要需求，针对他们提供有效的产品和服务。这种集中使连锁店的工作人员可以熟能生巧地提高效率。产品服务的集中战略在餐饮业表现得最为明显。

• 差别化优势。连锁店以不同于竞争对手的产品、服务、形象为顾客服务，从而赢得特定的消费者。大多数连锁店均有较高的知名度，较强的业务能力，使自己在经营的各个环节有别于竞争对手。如肯德基的口味、麦当劳的速度、沃尔玛的快速周转、大荣的低价，都是差别化的结果。如果企业同时追求多种基本竞争战略，并能同时获得成本依靠和差异化的竞争优势，那么它就能获得更高的收益。因此，确定自己的竞争战略是一个企业取得竞争优势的关键，通常企业必须在上述三种基本竞争战略中做出抉择。

问题：

分析三种战略各自的优缺点是什么？

任务 3
规模发展战略

一、背景

连锁经营关键在于规模，规模经营才能产生规模效益，这是连锁经营发展长盛不衰的重要原因之一。美国连锁企业规模都很大，沃尔玛一家就有 3000 多家连锁店。1996 年销售额超过 1000 亿美元，几乎是我国同期社会消费品零售总额的 1/3。而我国最大零售集团销售额还不到 5 亿美元。点多面广、分散经营、单兵作战、资金不足、难以形成规模优势，成为导致我国连锁经营发展迟缓和效益不佳的最重要原因。

连锁经营企业在扩张过程中要十分重视企业发展的质量。因为扩大规模并不是企业追求的主要目标，企业的主要目标是盈利，是实现企业个体价值和社会价值的最大化。因此，成本控制是质量管理中的关键环节。连锁经营是需要精打细算的一种经营方式。这一点可以从企业利润的来源看出。企业的利润主要有三个方面的来源：一是企业产品或服务的产出携带利润；二是成本控制、节省费用剩余利润；三是物流规模扩大创造利润。无论采取何种扩张方式，成本控制是企业扩张过程中首先应考虑的重要因素。

二、学习目标

1. 掌握规模发展战略的概念。
2. 理解连锁经营企业的扩张需要考虑的因素。

三、基础知识

（一）规模发展战略定义

规模经营战略是指连锁经营企业通过膨胀经营规模和增加分店数量来获取经营利润的策略。它包括两个方面：一是扩张原有店面的经营规模；二是增加分店数量。实现连锁经营规模扩张的主要途径是增加分店的数量，因为不同地域的消费量一般不会出现明显的变化，通过增加店面来增加客户居住地域的覆盖面，从而争取客户群体的扩大，实现规模化经营。达到规模经营的手段是多地区、多分店方式，通过不断地扩张来实现一定的规模，以求降低经营成本，同时增强连锁企业自身实力以便在竞争中取得优势。

（二）连锁经营的一般性扩张战略

在连锁经营企业资产积累到一定程度时，为求得更大范围内的客户群体，企业管理者就会考虑扩大再生产的问题，这种扩大再生产表现为企业分店规模的扩大和分店个数的增加。在企业规模扩张的过程中，企业需要考虑多方面的影响因素，从而产生了不同环境、不同阶段、不同行业的连锁经营扩张策略。连锁经营企业的扩张需要考虑四个方面的因素：

1. 资本因素。连锁经营企业要扩张，首先必须有一定数量的资本，连锁店可以用自己创业经营的积累作为扩张资金的来源。但仅靠创业者自身积累和企业积累，扩张的步子难以迈大。扩张资本的来源主要有以下两种：一是股票融资；二是举借外债。

2. 方向因素。即业态的选择和区域的选择，如果创业业态市场已高度饱和，如果成长已无潜力，则可以考虑向其他领域扩张。向什么区域扩张取决于两个方面：一是所要扩张区域的市场情况与竞争水平；二是连锁总部分店的分布与其扩张区域联系是否紧密。

3. 速度因素。连锁经营企业的扩张速度取决于多个方面的其他因素，并且因不同行业、不同的发展阶段而有所不同。

4. 方式因素。连锁经营的扩张方式也和其他方面的因素有着密切的关系，其扩张方式一是自身增设分店；二是兼并，通过对小型连锁商店或零售商实施兼并以扩大连锁规模；三是特许加盟。

（三）连锁经营的开店扩张战略

开店即开设新店，增加新网点，以扩大营业规模和销售能力。连锁企业只有不断开新店，才能扩大营业规模和销售能力，降低进货成本和管理费用，发挥规模效益，取得快速发展。

而开新店，首先就要确定开店的业态，即要开一个什么类型的店、经营什么、以什么方式经营？开一个与原有连锁经营体系相同的店还是开一个完全不同的新店？零售商业的业态有很多种，分为便利店、专业店、超市、大型超市等 18 种。但从总体上分为有店铺经营和无店铺经营两种业态。有无营业场所和营业场所的规模、结构不同，则连锁分店的目标顾客、商品结构、商品销售方式、服务功能等都有很大的不同。因此，连锁企业开新店，首先必须确定开店的经营业态，以确定连锁企业的经营目标。

就目前世界范围零售业态的分布来看，有店铺经营是零售经营的主要业态选择。显然，店铺的开发和建设是有店铺零售店的首要任务。铺面规模、结构会影响连锁经营的规模、商品结构和经营方式以及服务方式；铺面建设资金的占用量会影响连锁经营体系流动资金的使用量和资金的使用效率；铺面建设的质量和速度会影响连锁分店的开业时间是否正常和连锁体系的开店战略目标能否实现。

1. 连锁经营的选址。就是要确定店铺的选址标准、开新店的条件、商业区选择、商圈调查、商圈市场评价，从而确定恰当的业态、优越的地理位置、合理的营业面积、有利的商业和购买环境，使店铺能够经营成功。而这一切，正是商业房地产开发的要求。商业房地产开发符合了连锁经营的要求，才能给连锁店今后的经营带来便利条件，如果商业房地产开发不符合连锁经营的要求，店铺选址不当、建筑结构布局不合理、规模过大或过小、购买力不足、交通不便、同业竞争过于激烈等等，都会给连锁店今后的经营带来致命的影响。因此，选址是连锁经营成功的秘诀，选址是连锁经营的重要战略。

2. 连锁经营的网络。营业网点多、销售规模大是连锁经营的最大优势。连锁经营必须开发许多的网点、达到相当的规模才能具有规模效益，发挥规模优势。而规模的扩大，仅仅依靠扩大经营范围和商业促销已经不能奏效，只有依靠网点的增加，在更大地域范围、更多目标顾客市场上，不断增加新网点，扩大销售网络才能实现。因此，连锁经营实质上是网络经营战略。不断地在更大地域范围、更多目标市场上选址、店铺设计、建设及装修、开业，这就是商业房地产开发。

3. 连锁经营的资本运营。美国贸易法规定：连锁店是至少有在一家总店控制下的 10 家以上的经营相同业务的分店。英国则认为，连锁店必须符合以下四个标准：单一所有，即一个公司或一个合伙店或单个业主所有；集中领导，统一管理；设立的店要相同；有 10 个以上成员店。日本“连锁店协会”则规定“连锁店是在全国拥有 11 家以上的商店，每年销售额不少于 10 亿日元零售额的店”。

从以上世界各国连锁经营的定义中可以看出一个共同的特点：连锁经营是规模化的经营，通过规模经营来获取规模效益。连锁经营是商业资本集中、垄断和扩张的产物。

四、学习资源

1. 《中国连锁经营商业企业发展战略研究》。
2. 苏宁的扩张之路：慧聪网家电行业频道 第三章 战略连锁——连锁发展速度规模效益。
3. 《商业时代》2008 年 25 期：连锁经营战略拓展新思路。

五、训练

（一）名词解释

1. 规模经营战略
2. 连锁店

（二）单项选择题

1. 连锁经营企业要扩张，首先必须有一定数量的资本，其扩张的第一步是（　　）。
   A. 股票融资　　B. 自己创业经营的积累
   C. 举借外债　　D. 债券融资

2. 连锁经营企业的扩张速度取决于多个方面的因素，（　　）是指因不同行业、不同的发展阶段而有所不同。
   A. 方式因素　　B. 方向因素
   C. 资本因素　　D. 速度因素

（三）多项选择题

1. 连锁经营的扩张方式有哪些？（　　）。
   A. 兼并　　B. 特许加盟
   C. 资本重组　　D. 自身增设分店

2. 英国则认为，连锁店必须符合以下标准（　　）。
   A. 集中领导，统一管理　　B. 设立的店要相同
   C. 有 10 个以上成员店　　D. 单一所有

（四）判断题

1. 连锁企业只有不断开新店，才能扩大营业规模和销售能力，降低进货成本和管理费用，发挥规模效益，取得快速发展。（　　）

2. 日本“连锁店协会”则规定“连锁店是在全国拥有11家以上的商店，每年销售额不少于10亿日元零售额的店”。 ( )

（五）简答题

1. 连锁经营企业的扩张需要考虑哪些方面的因素？
2. 连锁经营的开店扩张战略应注意哪些方面？

（六）分析题

家电连锁企业规模化发展分析

家电连锁行业的特点决定了其必须快速的规模化发展，规模化又决定了其必须兼顾精细化的效率发展。在此期间，无论是巨额的采购、产品结构的调整、整合供应链、信息化构建、营销策略的调整，还是售后服务的不断提升，都是为了保证战略的实施。苏宁在规模化发展的同时，意识到了效率的不足，所以才停止规模化发展的脚步去进行精细化的管理来赢取效率，以实现稳健发展并达到超越国美的目标。

电路城和百思买的竞争也是从规模化发展开始，由于电路城多元化发展的战略错误、对于精细化管理的效率忽视和规模化发展的迷失，造成了最终败于百思买的恶果。

国美面临危机时的短期发展策略基本完成，战略发展方向又重新摆在了面前。2010年9月，国美电器宣布将在继续提升单店经营质量的基础上，实现战略转型第二阶段的核心主线。管理团队将专注于集团门店网络有效扩张，初步集中于五个首要地区（京津唐、大上海、四川地区、广东和山东）的发展。在一级市场，加速新模式门店的改造，继续以多种门店形态组合，以开旗舰店、大店和优质门店的方式提升总体经营效益；在二、三级市场，国美将更加注重对空白区的网络覆盖，加速有效扩张步伐。

在国内一、二级城市家电市场布局即将饱和的前提下，三、四级市场又成为家电规模化抢夺的新焦点。而中国家电制造商农村扩张计划早在2010年前便陆续拉开，加上“家电下乡”、“以旧换新”两大新政的强势推动下，未来几年以“沿海地区的三、四级市场，内陆地区的二、三级市场”为主体的农村家电市场，将迎来新一轮的爆发期，这更证明中国家电市场的规模化发展还远未结束。

（资料来源：“家电连锁行业战略剖析”：国美——规模背后的利润软肋。）

问题：

1. 企业的规模化一直是各家电连锁企业追逐的重点，国美是否会被苏宁快速超越？是其战略错误还是其没有深入洞察家电连锁行业的未来发展？

2. 家电连锁企业的战略方向会走向哪里？家电连锁行业的规模战略会如何发展？有了规模会实现行业的领先地位吗？

项目六

6 连锁经营管理系统

连锁经营管理系统包括门店管理系统、连锁物流配送管理系统、连锁经营信息管理系统等，其中连锁经营信息管理系统是以电子数据交换系统为基础，由完备先进的信息数据交换设备系统构成。例如，沃尔玛的电子数据交换系统将门店前端的 POS 系统与总部后端的仓库实时联机，快捷准确地掌握每一种商品的销售情况和库存量，从而大大降低了人工填写销售日报表的人员耗费。通过这个系统能将需要补充的货源的门店信息在第一时间传输给供应商，便于供应商及时收单、出货，保证物流畅通无阻，提高了沃尔玛的整体工作效率，提高了沃尔玛的整体竞争力。

连锁经营管理效益主要通过连锁经营管理系统，将原来分散的业务加以整合，形成整体规模经济效益。例如：沃尔玛还采用全球定位系统来对自身庞大的物流配送运输队伍进行管理，因此，在任何时候，调度中心都能知道这些车辆在什么地方，离商店还有多远，还可以精确到小时地了解到某个产品运输到了什么地方了，还有多长时间才能运达到门店。一旦，沃尔玛知道卡车在哪里、产品在哪里，就可以提高整个系统的效率。正是通过这种迅速的信息传递及先进的电脑跟踪系统，沃尔玛能够在全美范围内实现商品的快速运输，进而保证了各门店能够及时地进行商品供给。这支高效的运输车队进一步使得整个物流体系成为沃尔玛的招牌，保证了沃尔玛能够长期地以比竞争对手低很多的价格向消费者提供商品，从而取得领先优势。

本项目主要针对连锁经营的业务流程、连锁经营的信息系统、连锁经营业绩的考核与评价进行描述。

任务1
连锁经营的业务流程

一、背景

连锁经营的业务流程由订货、收货、存货、分拣配货、送货及退换货、销售作业等构成，各环节形成链接系统。生产厂商和供应商可以通过这套业务流程系统进入订货、收货、存货、分拣配货、送货及退换货电脑配销系统和数据中心，得到其供应商品的流通情况，如不同商店及不同商品的销售统计数据、各仓库的存货和调配状况、销售预测、电子邮件及付款通知等，并作为安排生产、供货、送货的依据。生产厂商、供应商可以根据销售情况来决定生产和销售，保证以较低的价格向连锁经营企业提供产品，从而使连锁经营的业务流程成为一个无缝的物流体系。

二、学习目标

1. 掌握连锁经营的订货、收货、存货、分拣配货、送货及退换货、销售作业的流程。
2. 知晓连锁经营业务流程中的注意事项。

三、基础知识

（一）订货作业

订货是连锁企业根据门店所需要的商品向确定的厂商进行叫货或添货的行动，即通常所说的下订单。目前国内连锁企业订货大部分是通过“点菜员”（订货人员）以跑单、传真、电话或电子信箱等方式将订货信息传递给供应商，由它们在规定的时间送货至配送中心或门店。上述订货方式受自身特点和外部条件的限制，不宜规范化，所以在操作过程中出现错误的可能性较大。例如，通过电话方式下订单，讲话人与听话人之间由于方言、口音、音量、口齿清晰程度的差异和外部的声音干扰（汽车声、音乐声、他人讲话声等）很可能出现歧义。在竞争日益激烈的今天，连锁企业要提高效率，就要向规范化管理靠拢。

就订货而言，就是采用规范化的订货方式，即电子订货方式（electronic order system, EOS）。订货时，门店可以用掌上型终端机（hand terminal）扫描或键入货号及数量，再使用数据机传送到连锁总部或供应商，由总部配送中心统一组织商品配送或由厂商直接配送。

订货可分成分散式订货和集中式订货两种。**分散式订货**是指连锁企业的门店被授权可以自行向厂商下订单的一种订货流程；**集中式订货**是指连锁企业的各门店将订单传至连锁总部，由总部汇总后通知自己的配送中心进行订货和配送。图6－1是两种订货方式的作业流程。

1. 库存水平不当的影响。订货量的准确性如何直接关系到企业的库存水平，连锁企业

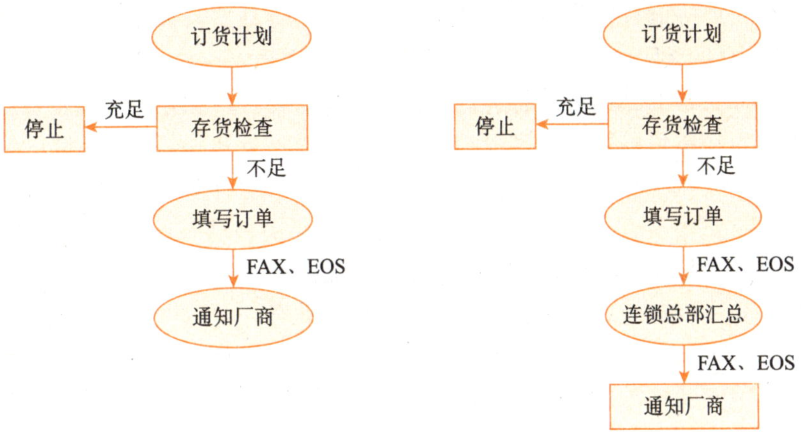

（1）分期式　　（2）集中式

图 6－1　两种订货方式的作业流程图

要真正做到订货量既不造成仓库积压，也不造成商品缺货是非常难的。库存水平过高或过低都将给零售企业带来损失。

库存水平过高会增加商店的库存成本，主要体现在以下三个方面：

（1）资金成本。库存积压商品占用的资金将产生利息费用。

（2）仓储成本。商店仓储空间是有限的，有限的空间必须合理运用才能达到最佳效果。库存水平过高，会导致一些仓储空间被浪费在不需要的商品上，造成仓储成本增加。

（3）商品损耗风险。库存水平过高，带来商品损耗的可能性增加，表现在：商品过期或过季；商品保质期快到了，必须降价销售；商品被盗；商品被压坏（纸箱变软）；商品被撞坏或摔坏（运输不当）；商品变质（保存状况）；商品被老鼠咬坏；盘点困难（放在不同位置）。另外，库存水平过低也会带来一系列问题，主要体现在：

（1）缺货成本。表现为丧失商机。

（2）形象成本。表现为公司缺乏资金或厂商不愿供货。

（3）口碑风险。表现为顾客买不到需要的商品，白跑一趟，下次不愿再来。

2. 合理订货量的确定。

（1）准确把握商品库存量和其他信息。订货量的确定十分复杂，理论上是根据经济订购批量，但在实际中要考虑诸多因素，如每日销售量、订货至送达的前置时间、配送周期、最低安全存量、陈列空间、商品包装人数、厂商配送最小单位、最小订货量等。合理的订货量首先来自对现有库存量的准确把握。现有库存量除了配送中心的库存量外，还包括门店、临时周转仓库中的商品存库量，以及卖场陈列货架上的商品数量。不管库存量表现为何种形态，要使订货量有较高的科学性，必须随时准确了解库存商品的实际状态，做到心中有数。

（2）实施细致的商品管理。订货量既要满足门店不断货的需要，又要尽量降低库存成本，因而在日常商品管理中要形成具体、细致的商品管理制度。商品管理要具体到每一个单品，对商品的陈列位置、陈列方式、陈列量、标价、进货时间、保质期、温湿度控制等方面，都应实行细致的管理。同时，还要采取 ABC 分类法，对重点商品的信息详细掌握。这些基本情况和数据是确认商品现有存货量和需求量的基本依据。有了这些数据，才能较准确地得出需要更换、补充和处理的结论，才能真正把握库存状态，为确定订货量提供依据。

（3）分析和把握商品销售趋势。订货量不一定是个常数，常常随着各种因素的变化而不同，因而需要对日常商品销售动态进行分析。具体需要观察和分析的内容有：哪些商品正处于畅销期？每日销售量可能达到多少？哪些商品的销售量开始下降？下降的幅度和速度如何？根据销售动态变化，订货量应该如何调整？调整的幅度有多大？如此等等。上述动态数据，可以根据日常销售动态记录、POS资料分析、总部销售动态信息通报、新闻媒介宣传、顾客意见和反馈等多种途径了解，也可以运用一定的调查和分析手段了解。此外，根据产品生命周期变化，也可以在一定程度上了解商品销售的动态。

（4）分析节假日和企业促销活动对销售的影响。不同时间的订货量是不同的，要注意分析节假日和季节的变化。在每年固定的节日，如“五一”、“十一”等，各地区一般都举办大型活动，企业也会实施促销活动，这都会影响一定时期某类商品销售的变化。根据过去类似活动期间商品销售的实际情况进行预测并调整订货量，在季节性变化来临之前，或在节假日、大型活动日之前适当增加某些商品的订货量，可以更好地满足消费者的需要。当然，产品生命周期的变化规律在时尚、流行商品上对销量的反映十分明显，需要相应的订货对策与之对应。

3. 防止商品缺货。一般情况下，商店是不允许缺货的。缺货不仅造成商店原本可以实现的销售额无法实现，也给顾客造成极不好的印象，等于将顾客推给了竞争对手，因此各个商店都把缺货当成营业中的最大敌人。业界常有“缺货也是成本”、“缺货会影响商店形象”、“缺货会流失顾客”、“绝对不能缺货”之类的说法，因此，防止缺货是非常重要的。对于缺货现象，事先应做好预防工作，一旦缺货应及时采取补救措施。

商品缺货的原因主要有：库存有商品，但由于库存未定位或理货员工作不主动，未能及时陈列；消费者指名购买，商店没有订货；商店已订货，但商品尚未进场，备运时间过长；商店已订货，但订货量不足，未能掌握消费者的购买规律；由于某种原因而引起销售量急剧扩大，造成商店缺货；商店进行促销活动，促销商品准备不足，一时短缺；广告商品尚未引进，而消费者有购买意向。

对于防止商品缺货，可以采取以下对策：

（1）属于库存有货但未及时陈列的，应加强库存管理和补货频率，制定补货标准，尤其注意在营业高峰前及时补货。

（2）商品卖完而商店没有及时订货的，应加强卖场巡视，掌握库存动态；商品要定位管理，订货周期要相对稳定。

（3）商店已经订货但商品未到的，应根据商品备运时间重新确定补货点，建立商品配送时间表，寻找其他替代商品，或到其他商店购入补上。如果是连锁经营，可在不同店铺之间调配。

（4）商店已经订货但订货量不足的，应按照ABC分类法重新制定重点商品安全库存量表。

（5）如果是配送中心没能及时配送商品，进货应以商店的日常销售、商店的库存量和配送中心的库存量三者相结合为依据，不能光看配送中心的库存量；对于重要商品，应提前订货。

(6) 如果是商品销售量急剧增大，应做好市场调查工作，做好促销前的准备，每天检查销售状况，注意同业销售动态，了解消费趋势，密切关注紧急事件的发展情况。

(7) 如果是广告商品未引进，商品采购人员应积极引进广泛宣传的新产品，尤其是电视广告商品，应快速引进。此外，采购人员应与商店保持密切联系，掌握市场商品信息。

(8) 如果是消费者指名购买而商店未进货，商店人员应向购买者表示歉意，并做好缺货登记，督促采购人员及时进货。此外，最好能与顾客保持联系，一旦货到立即通知顾客或亲自上门送货。

(9) 对经常出现仓库有货但货架缺货的现象，应对理货员采取必要的处理措施；如果消费者经常指名商品而商店未订货，应对采购人员进行相应处理。

(10) 要定期或不定期对缺货情况进行分析，使商店管理人员和采购人员随时了解商品经营情况，尽量减少经营中商品缺货现象。

(二) 收货作业

收货作业是从货车上把商品卸下、开箱，检查其数量、质量，之后将有关信息书面化等一系列工作。收货作业的流程是：收货准备——货车到达——卸货——检查单据——商品核验——收货记录——入库。下面对收货作业的几个重要步骤进行解释。

1. 卸货。收货作业是从商品自运输工具上卸下来开始的。为了高效率地完成每次卸货作业，管理人员必须事先做好准备：掌握大概的到货日、商品品种、货量及送货车型；尽可能准确地预测送货车到达日程；配合停泊信息协调进出货车的交通问题；为方便卸货及搬运，计划货车的停车位置；预先计划临时存放位置。其中，时间安排是收货控制的重要问题，一定要避免收货在时间上过分集中，因为收货时间太集中会使作业人员无法对所进商品进行合理有序的处理，同时，还要保证所进商品有序堆放，以便能对其进行正常的检查检验。

卸货作业要尽量配合储存作业的处理方式，以免增加不必要的环节。配送中心储存商品一般有托盘、箱子和小包三种形式，同样，货车送货时也有这三种形式。如何使送货与储存两者间的三种形式顺利转换是很重要的。第一种情况是进货与储存都采用同一种形式，可以原封不动地将商品转入储存区。第二种情况是当送货是托盘、箱子形式而储存要求是小包形式时，必须在卸货点把托盘和箱子拆装并以小包的形式放在输送机上，从而进入储存区。第三种情况是送货是小包或箱子形式而储存要求是托盘形式时，必须先把小包或箱子放在托盘上再储存。

2. 商品核验。商品从送货车上卸下后，未拆卸前，应在送货司机面前验收箱数是否正确，以及外包装是否无损。核验商品必须及时、迅速、准确，做到随时进货随时验收。核验商品数量的方法很多，大多数采用直接核对法或障蔽核对法，或者采用两者合并式的半障蔽核对法。偶尔也用抽查核对法，但抽查核对法经常发生差错，最好避免采用。

(1) 直接核对法。即根据送货单逐项核对进货数量，是最普遍使用的方法。直接核对法的优点是：除了在送货单上逐项作记号外，不必制作任何文件，验收员的工作快速而方便；如果送货单与验收员的记录不符，验收员可很快地重新核对；在送货单上都写有商品的品名，验收员不必再花时间猜想。直接核对法的最大缺点是容易失之大意，因为核对是一项单调乏味的工作，验收员已从送货单上知道了数量，很容易麻痹大意，核对粗略，易出差错。

（2）障蔽核对法。即验收员先不看送货单，而是边验货边制单，验收完后再与送货单核对，检查有无错漏短缺。这种方法工作量较大，所需时间较长，如果出现差异，重新核对会拖延很长时间，但这能让验货员更认真、更仔细地核对，遗漏现象较少发生。

（3）半障蔽核对法。这是综合直接核对法和障蔽核对法两者的优点而设计的。验收员使用一张订货单副本，上面除了数量之外，所有内容都包括其中。验收员边核对边填上数量，再与送货单上的数量核对，核对无误后签单。这种方法不仅可以免去烦琐的制单工作，同时由于订货单副本上没写明数量，故要求验收员必须很仔细地核对。

对于不同商品的检验，配送中心采用的技术措施也不相同，如技术性能检测（如电器产品）、化验室分析（如化学半成品）、断裂强度测试（如皮包）、重量检验（如鲜肉）等。一般来说，对进货进行的上述检验都是在供应商送货员离开后进行的，因此，采用保留接货法是企业惯用的做法。保留接货法即对所进商品进行简单的目测检验后，签字证明供货无误是有条件的，保留以后对进货做进一步细致检验的权利。2005 年“苏丹红事件”以及 2008 年的“三鹿奶粉事件”，使食品安全问题再次引起国人极大关注，商务部发布的调查流通领域食品安全的报告指出，全国 5 万多家食品零售企业中，99% 的企业未建立检测中心，其带来的直接结果是消费者对任何一类食品安全性的信任度均低于 50% 。

国外连锁企业对商品质量问题非常重视，为了在售前对商品质量有效控制，许多连锁企业配送中心成立了专门的商品检验室。例如，美国著名的西尔斯连锁百货公司建立了商品质量检验室，该公司多年来一直坚持商品检验制度，在自己建立的商品质量检验室里，各种检验设备一应俱全。对于皮鞋，若厂家注明鞋底可以经受 3 万次弯折，西尔斯的质检员就用检验仪器抽样实地测量，达到标准才允许上柜台；对于皮箱，质检员将其放在零下 20℃ 的低温室中老化，还要在 60 厘米高度进行几次跌落试验。由于售前严格把关，尽管西尔斯公司一直坚持“保证质量，包退包换”，但真正因质量问题前来退货的顾客是极少的。

3. 收货记录。当商品验收后，验收员还必须做好验收记录。验收记录是进行商品验收的重要书面记载，内容一般包括：收发货单位名称，凭证号码，实收商品数量、规格、质量，数量差额和质量不符程度，验收日期、地点、验收人等。许多商店直接以送货单作为收货记录，上面注明实收商品数量及差额并有验收员及司机的签名，作为日后会计记账和商店盘存的依据。如箱子有破损或已开，或箱数短少，都应在司机带来的送货单上注明。送货单一式三份，厂商或配送中心保留一份，商店收货员保留一份，另一份在收到货后两天内送交财务处记账。无论是否短缺，送货单都必须有司机签名，如果将来对破损有争议的话，司机的签名是很重要的依据。

在企业管理规章中，必须明确规定哪些人有资格负责商品进货和进货控制工作。实践证明，进货和进货控制工作对盘点账实差有非常直接的影响，因此，除了经营场所的负责人以外，必须尽可能以书面形式明确规定哪些员工还有资格承担这项工作，绝不能让企业的所有员工，特别是没有任何经验的新员工负责进货和进货控制。

（三）存货作业

存货作业的主要任务在于妥善保存货物，并对在库品进行检查，善用空间，对存货进行科学管理。存货的仓库一般有三个区域：第一是大量存储区，即以整箱或栈板方式存储；第二是小量存储区，即将拆零商品放置在陈列架上；第三是退货区，即将准备退换的商品放置在专门的货架上。良好的存货策略可以减少出入库移动距离，缩短作业时间，充分利用储存空间。

1. 存货方式。

（1）定位储存。定位储存即每一种商品都有固定的储位，不同的商品按分类分区域管理原则来存放，并用货架放置，切勿在指定的场所外放置商品。该方式的特点是易于管理，搬运时间少，但是需要较多的储存空间。

（2）随机储存。随机储存即每一种商品的储位不是固定的，而是随机产生的。这种方法的优点在于共同使用储位，最大限度地提高储区空间的利用率。但是，给商品的出入库管理及盘点工作带来困难，特别是周转率高的商品可能置于离出入口较远的储位，增加了出入库的搬运距离。这种方法适用于空间有限以及商品品种少而体积小的情况。

（3）定位随机储存。这种方法是每一类货物有固定的存放储区，但在各类储区中，每个储位的指定是随机的。其优点在于吸收定位储存的部分优点，同时又可节省储位数量，提高储区利用率。

随机储存和定位随机储存方式对电子自动化管理技术要求较高，要特别注意电子仓储管理设备的安全运行系数。一旦电子仓储管理系统出现故障，仓库管理工作就会陷入瘫痪，因为只有电子中央处理器知道哪种商品存放在哪个位置。电子设备出现故障后，商品出入库操作根本无法用人工替代。由于国内一般连锁企业配送中心主要是靠手工操作，因而采用定位储存方式较多。在采用定位储存方式时，区位确定后应制作一张配置图，张贴在仓库入口处，以方便存取。一般而言，小量存储区应尽量固定位置，整箱存储区则可弹性运用。

2. 存货原则。

（1）周转率原则。按商品在仓库中的周转率来安排储位，周转率越高的商品离出口越近。

（2）相关性原则。应当把同一类型或具有互补性的商品安排在相互靠近的储位上，因为相关性大的商品在要货时往往是同时的。

（3）相容性原则。相容性低的商品绝不能储存在一起，以免损害品质，如烟、香皂和茶叶不可放在一起。

（4）先入先出原则。先入库的商品应先出库。这一原则特别适用于保质期短的商品，如食品、药品、感光材料等，以免出现老化、变质、损耗等情况。

（5）堆高原则。为提高配送中心的空间利用率，能用托盘堆高的商品尽量用托盘储存。

（6）面对通道原则。为了使商品的标志、名称等信息便于查找，方便对商品的搬运、拣选等作业，应将商品面向通道保管。

（7）产品尺寸原则。为有效利用空间，在布置仓库时必须知道商品单位大小和相同物品的整批形状。包装标准化的商品应当放置在货架上保管，非标准化的商品应当依据其形状，考虑整批数量分配特殊储位。

（8）重量特性原则。这是按商品重量大小来安排储位的高低。通常情况下，重者置于地面或货架下层，轻者置于货架上层。

（9）商品特性原则。易燃易爆物储存于有防火设备的空间，易被窃物储存于加锁之处，易腐物储存于冷冻之处，易污物加套储存等。对某些化学品应当隔离放置，以免对其他商品产生影响。

（四）分拣配货作业

在配送中心所涵盖的作业范围中，分拣配货作业是其中极为重要的一环，其重要性相当于人体的心脏部分。分拣配货作业的目的在于正确而迅速地把门店所需商品集中起来。

一般来说，分拣配货成本是其他如堆叠、装卸和运输等成本总和的9倍，占物流搬运成本的绝大部分。为此，若要降低物流搬运成本，首先必须从分拣配货作业着手改进，这样才能达到事半功倍的效果。

分拣配货作业主要有两种方式：

1. 摘果式配货。这是以订单为单位，对订单中的商品进行配货后汇集成一个出库单位的配货方式。它可以利用人工或者机械在每个较为固定的货堆中分别取出商品，很像农民摘果，因此被称为摘果式配货。这种方法主要适用于多品种、小批量的订单。这种配货方式的缺陷是对于每份门店订单，配货员都要在整个仓库内转一圈。在库存成千上万种商品的配送中心仓库中，配货员为寻找商品往往耗费大量时间，特别是对于那些新配货员来说更是如此。

2. 播种式配货。这是将计算机系统中存贮的各个订单内容，以一天中一定时间段为订单截止时间，按每一种商品的汇总进行配货清单打印，然后从商品保管场所将每种商品拣出，在商品分货区将商品再按订货方式进行分配的方式。这种方法主要适用于品种少但批量大的订单。

分拣配货以前主要靠人工，现在一般都是由机械流水线完成，国外近年来开发的电子标签辅助拣货系统（Electronic Label System，ELS）应用效果显著，受到企业的欢迎。分拣的作业速度、作业效率和出错率直接影响配送中心的作业效率和顾客满意程度。

（五）送货及退换货作业

1. 送货作业。送货作业是利用配送车辆把门店订购的商品从配送中心送达各门店的活动。送货作业在配送中心的物流成本中占有重要地位。一般来说，物流成本包括包装费、搬运费、运送费、保管费及其他，其中运送费所占比例最高，为35%～60%。为此，降低运送费对提高配送中心的效益有极大贡献。实际的货物运送过程受多种因素的影响。静态因素有门店的分布区域、道路交通网络、车辆通行限制、送达时间要求等；动态因素有车流量变化、道路施工、车辆变化等。为此，必须制订一个科学的送货计划，通过提高车辆出车率、装载率，降低空车率，合理规划运输路线等，来提高配送效率和效益。

送货过程如下：首先制定详细的运输计划及运输调度作业，包括送货路线的规划、送货人员及送货车辆的管理等。送货人员必须完全根据调度人员的送货指示（出车调派单）来执行送货作业，当送货人员接到出车指示后，将车辆开到指定的装货地点，然后清点与装载已理货完毕的商品上车，对于所驾驶的车辆也要在出库前进行例行安全检查。商品送达要货门店后，送货人员要协助指挥将商品卸下车，协助门店有关人员将商品放到指定位置，并要求门店有关人员完成确认工作（送货单签收回单）。如果门店有退货、调货的要求，则应将退调商品随车带回，并完成有关单证手续。

2. 退换货作业。退换货主要由如下原因造成：品质不良、订错货、送错货、过期品、滞销品、商品标识不符等。商品退换一般不为厂商所接受，除非证明品质不良或标识不符，因此必须事先有协议约定。退换货作业可单独进行，也可与进货作业相配合，利用进货回程将退换货带回。在退换货作业上应注意：（1）厂商确认，即先查明待退换商品所属的厂商或送货单位；（2）填写退货申请单，注明其数量、品名及退货原因；（3）退调商品要妥善保管，应规划专门区域暂存，整齐分类才易于管理；一旦确认商品不符合要求，要迅速联络厂商办理退调货；（5）退货时确认扣款方式、时间和金额，退换货最好定期办理，如每周一次或每 10 天一次。

3. 加工包装作业。加工包装作业是对进入流通领域的产品或半成品按销售要求进行再加工，包括：

（1）包装加工。如大包装的商品根据销售起点进行重新包装，散装的日用杂品改装成包装商品，促销赠品进行搭配包装等。

（2）分选加工。如农副产品按质量、规格进行分选，并分别包装。

（3）贴标加工。为了规范经营，方便顾客，促进销售，在商品的外包装上贴上标记、标签、价格、条码等。

（4）食品精加工和深加工。精加工是将农副产品去除没有食用价值及不卫生的部分，进行切分、洗净、包装等加工；深加工是将农副产品加工成半成品或成品（熟食品），以节省门店厨房内的工作时间和提高效率。

连锁企业的配送中心都必须设置流通加工部，对于加工功能是放在配送中心还是连锁门店，这是值得认真考虑的问题。大型综合超市一般将加工功能设在超市内部，以适应该门店商圈顾客的需要；而有些连锁企业如快餐业、干洗业等，门店对配送中心的加工功能较为依赖，这类企业的配送中心有必要设在加工场所。例如，餐饮连锁企业通过建立中央厨房，对一定地域范围内的门店实行统一采购、集中储备、集中加工，把加工后的原料或半成品送至各门店，使其稍作加工便可出售，既可保证产品质量、降低产品成本，又减轻门店负担，提高经营效益。

（六）销售作业

销售是分店的主要业务，即通过向顾客提供能够满足其需求的商品，尽可能地扩大销售额，实现利润目标。

1. 扩大销售的途径。

（1）要制定销售计划，以指导各项具体工作。销售计划一般是以总部的销售政策和营业方针为指导，相继制定年度、月度销售计划，甚至每周销售计划，确定重点销售的商品，进而制定作业计划，再布置店面。

（2）销售活动中要牢固树立为顾客服务、一切为顾客着想的观念。因为销售的好坏直接取决于来店购物的顾客。顾客能不能找到需要的品种，能不能得到良好的服务，对店铺是否满意，直接影响到这些顾客会不会再次来店购物。从事销售工作，必须站在顾客立场上，考虑和安排各项工作，最大限度地满足顾客要求。

（3）按照销售规律，销售额的变化取决于三个因素：销售额 = 顾客人数 × 每个顾客购买量 × 商品单价。因此，增加销售额可通过如下三个途径：

①增加顾客人数。通过改善销售和服务、提高接待水平、广告宣传等方式来树立分店在顾客心目中的形象，如信用好、品种齐全、价格低廉、购物环境良好等，吸引更多的客人来店购物。

②增加顾客的购买数量。通过分区布置、合理的分类，在货架陈列上下工夫以创造出特色，提高商品毛利。通过提供新开发商品、优质商品和更多更好的商品，改善服务、改进包装，提供更多的便利等方式来增加商品的附加价值，创造优质商品，相应提高毛利收入。

③制定吸引消费者眼球的商品价格。如非整数价格，使顾客感觉商品便宜而多采购。

2. 展销和促销。据调查分析，大部分顾客所说的购物决策，是在到店后做出的。也就是说，店铺能否在顾客到店铺购物期间激发顾客的购物欲望，在相当大程度上制约着店铺的商品销售。

在上述三种途径中，以激发店内现有顾客的购物动机最为通行，主要可通过特价展销、大量陈列和促销等几种方式。

（1）特价展销。所谓特价展销，即在一定期间内以不同于通常价格的售价把商品提供给顾客。主要形式有：

• 海报特价展销。针对不特定的顾客，利用媒体传送商品、服务的信息，以此吸引顾客，提高销售额。

• 短期宣传性特价展销。以价格便宜、商品丰富产生刺激顾客增加购买数量的效果。

• 日常特价展销。按照某种主题进行，通过出售关联商品来创造需求。

• 月间廉价品。挑选部分商品，在该月中价格低于通常价格，从而产生廉价效果，以吸引喜爱购买廉价品的顾客群。

（2）大量陈列和主题陈列。所谓大量陈列和主题陈列，即通过强有力、丰富感的商品展示，来提高企业形象，突出某类商品主题，并通过强化效应，刺激顾客的购物冲动。

（3）促销。所谓促销，即为吸引顾客购买商品，提高其认识商品、找到所需商品的比率的技术。促销有以下几种方式：

• 店内 POP 广告招牌。表示商品的名称、用途、售价等的促销物，或是向顾客传递商品销售信息的手段。形式可以有多种多样的、醒目的商品陈列，以激发顾客的购买冲动，使其增加购物数量。

• 品尝销售。主要是新推出的食品、饮料，为了让顾客知道味道，当场品尝，以促进顾客的购买欲望。

• 制作陈列。通过现场制作烹煮，向顾客推荐商品。

• 表演出售。如肉类、鱼类的现场切割加工，给顾客以新鲜感。

• 面对面促销。店员或厂家推销员向顾客说明产品优点和使用方法。

• 循环磁带。在循环磁带里录入促销活动的消息，在店内播放，为顾客指南，提高其购买欲望，并活跃店内气氛。

四、学习资源

1. 中百仓储连锁超市的业务流程手册。

2.《现代国企研究》2011 年 08 期：孙健：沃尔玛的信息化帝国。

五、训练

（一）名词解释

1. 订货作业
2. 收货作业
3. 存货作业
4. 分拣配货作业
5. 送货及退换货作业
6. 销售作业

（二）单项选择题

1. EOS 是(　　)的简称。
   A. 电子订货方式　　B. 电子标签辅助拣货系统
   C. 销售点实时管理系统
2. 一般而言，运送费在物流成本中所占的比例为(　　)。
   A. 10% ~20%　　B. 20% ~35%
   C. 35% ~60%　　D. 60% ~85%

（三）多项选择题

1. 订货可分成(　　)订货和(　　)订货两种。
   A. 分散式　　B. 集中式
   C. 网络式
2. 促销包括(　　)。
   A. 店内 POP 广告招牌　　B. 品尝销售
   C. 制作陈列　　D. 表演出售
3. 为了规范经营、方便顾客、促进销售，在商品的外包装贴附(　　)。
   A. 标记　　B. 标签
   C. 价格　　D. 条码

（四）判断题

1. 所谓特价展销，是指在一定期间内以不同于通常价格的售价把商品提供给顾客。(　　)
2. 所谓促销，即为吸引顾客购买商品，提高其认识商品、找到所需商品的比率的技术。(　　)
3. 加工包装作业是对进入流通领域的产品或半成品按销售要求进行再加工。(　　)

（五）简答题

1. 订货中库存水平不当会造成哪些影响？

2. 如何确定合理的订货量?
3. 收货作业的流程是什么?
4. 核验商品数量的方法有哪几种?
5. 分拣配货作业主要有几种方式?

(六) 活动实训题

活动实训任务：根据当地实际情况，调查当地有代表性的便利店、大型超市。

要求：

1. 以小组为单位，选取不同的便利店、大型超市进行调查，分析便利店、大型超市各自的特点，并提交调查报告。

2. 以小组为单位，观察 2 ~ 3 家超市现场服务情况，编写门店现场服务标准手册。

活动实训提示：

(1) 不同的小组可以选取不同的便利店、大型超市进行调查，区分和总结各种类门店的特点。

(2) 建议学生在现场观察的基础上查阅相关资料，参照编写门店现场服务标准手册。

活动实训效果评价：活动实训效果见表 6 – 1。

表 6 – 1　活动实训效果评价表

项目	表现描述	得分
调查的对象和目的		
人员分工		
调查方法		
报告内容		
报告形式		
合计		

得分说明：各小组的调查表现分为“优秀”、“良好”、“合格”、“不合格”、“较差”，评价为不合格以下的需重新训练。

任务 2
连锁经营的信息系统

一、背景

信息系统是连锁企业赖以生存和发展的支柱之一。以计算机网络为基础的信息系统是连锁企业获取竞争优势的工具。对连锁企业而言，公司总部、连锁分店和配送中心一般都分布于不同地域甚至全球，相互间有较大的空间距离，如果要在扩大了的地域范围内实现连锁经营的统一采购、统一配送、统一销售价格、统一服务规范等要求，无疑会使管理企业的难度大大增加。可以说，如果没有高水平的信息系统的支持，连锁业的存在是无法想象的。

二、学习目标

1. 了解连锁经营信息系统的概念和特点。
2. 掌握连锁经营信息系统的基本构成。
3. 熟悉连锁经营信息系统的主要功能。

三、基础知识

（一）连锁经营信息系统概述

信息系统由人、硬件、软件和数据资源组成，目的是及时、正确地收集、加工、存储、传递和提供信息，实现组织中各项活动的管理、协调和控制。连锁企业信息系统就是以人为指导，以计算机相关设备所构成的集成化的信息系统，用于收集、整理、分析业务信息，以使连锁企业决策者能更好地进行科学管理，提高决策效率。也正是由于现代连锁企业已从同城向异地发展，管理模式也从单店管理向网络管理发展，对信息系统提出了更高的要求，构建网络化的配送体系和连锁体系是现代连锁业信息系统的发展方向。

在网络化的连锁企业信息系统中，总部承担着统一管理的任务，它不仅要管理总部内的各个职能部门，更为重要的是指导、协调门店和配送中心之间的业务。门店及配送中心和供货厂商的信息都汇集于公司总部，总部对收集到的信息作加工、整理、利用后，再将其中的一部分信息反馈给上述各方，供它们使用。此外，公司内部、公司与相关组织之间的信息交换也要通过总部进行。因此，总部是连锁企业信息系统的中枢。

知识链接：连锁企业信息系统应用的三个阶段

1. 初级阶段：信息技术工具的独立应用，通常用于某项具体工作，如 POS 机、电子秤等。

2. 发展阶段：数据采集以及采购、销售和库存信息管理，为企业管理服务。

3. 全面信息化阶段：基于信息共享的全过程支持，对企业内部各部门、分支机构、下属店铺的全流程管理，以及供应链管理。

连锁企业信息系统应用的必要性：

1. 信息系统应用是连锁企业在竞争中获胜的根本保证。世界级的连锁企业广泛使用信息化管理系统，如电子数据处理系统、客户关系管理系统、供应链管理系统、决策支持系统等管理连锁企业的购销、存储业务的各个环节，大大提高了商品的流通效率，降低经营成本，提高了企业的核心竞争力。这充分表明，应用先进的信息系统是现代连锁企业的发展方向。

2. 信息系统应用能大大降低连锁企业的物流成本。企业规模做大后，如何降低管理成本，提高整体管理效率，以应对瞬息万变的市场和国际化竞争，已经成为我国连锁企业进一步发展的瓶颈。世界级的连锁企业早已深深意识到，先进的物流信息化管理是降低企业经营成本的最后处女地，信息化能使连锁企业拥有高效的物流配送能力，能快捷准确地把握和满足各个门店的需要，同时又能用很低的物流成本来支撑这种物流配送，真正发挥物流成本“第三利润源泉”的作用。

3. 信息系统应用能增强顾客对连锁企业的满意度。现代连锁企业面临着不断加剧的全球化竞争，供货能力、客户需求都在以超乎想象的速度增长，这使得任何一个连锁企业都在认真考虑改变自己的组织结构和运行方式来适应这种全球性的发展和变化。随着信息技术在连锁企业的运用，连锁企业能更快、更准确地掌握客户信息，以满足客户的需求，提供更加人性化的服务。

（二）系统构成（见图6－2）

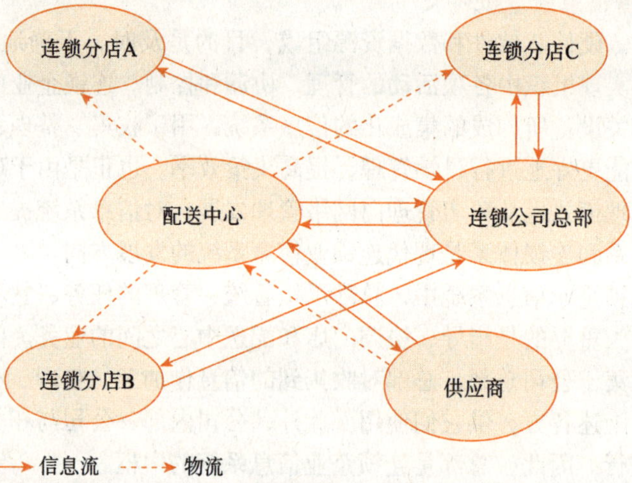

图6－2

1. 门店信息系统构成。连锁门店信息系统的主要任务是负责信息的采集、汇总，向总部传递信息、接受来自总部和配送中心的指令信息。

（1）条码技术及其应用。企业使用计算机进行信息处理，首先要把这些信息用计算机所能识别和接受的符号表示出来，即信息的编码和解码技术。近年来，以机器识别见长的条码技术，由于其快速、准确、经济、实用而被广泛应用于国民经济各个领域，成为企业信息化的基础。

利用条码技术实现自动识别、数据录入，不仅准确可靠，速度比计算机键盘快很多倍，更重要的是，条码作为物品种类、规格、生产日期、价格等属性的标识，通过对其扫描，可以迅速把相关信息输入POS或其他管理系统，清晰快捷地反映出产品的流向分布、商品的销售行情。

条码。连锁门店使用的条码有两种：一种是由国际通用商品代码（EAN）生成的商品条码，通常由供应商确定与印刷，在任何一个商店都可使用；另一种称为店内码，由销售商店确定和印刷。

条码制作设备。由于商店的商品品种较多，条码的打印量大，且要求速度快，应该在全部商品均已编制统一编码的基础上，选用专用的打印设备以满足需要。专用条码打印设备一般有热敏式和热转印式两种，销售商店可根据需要选用。如果超市中水果、蔬菜、鲜鱼、肉等是以随机重量销售或分小包装形式出售的，最好使用有打印功能的条码电子秤。

条码扫描设备。从原理上可分为光笔、CCD和激光三类，从形式上有手持式和固定式两种。对于条码扫描器的选型应考虑商品销售方式、扫描方式、扫描速度、景深、自动识别条码的种类、接口能力和价格等。商业销售中，收款机常采用的条码识读设备有CCD扫描器、手持式激光扫描器和超市用平台式激光全方位条码扫描器。

(2) POS (Point of Sales) 系统。又称为“销售点实时管理系统”，是销售信息的采集和初步处理的基础工具。

目前大型商业连锁公司广泛使用的POS系统可理解为，由POS终端（ECR或POS收款机，一般由卡阅读器、信息显示器、数据输入设备、客户密码键盘、票据打印机等组成）、系统服务器、工作站、网络设备以及POS系统软件等构成，处理商品管理的有关收款作业，以及交易信息的传递、补货作业、在架商品管理、盘点作业、报表处理等。中小型商店常使用独立的收款机POS系统（进行商品交易处理、商品信息存储和管理）或由多台收款机与服务器组成的小型POS系统。

自动转账支付是指POS能完成消费付款处理、账户间转账处理、修改交易处理、查询交易处理、查询余额处理、核查密码处理并打印输出账单等功能，自动完成客户的转账结算，即依据交易信息将客户的消费信息反映在银行开立的账户上。

自动授权是指具有信用卡功能的自动授权功能，例如能自动查询信用卡止付黑名单，自动核查信用卡余额、透支额度等，使商户在完全可靠的前提下迅速为客户办理信用卡交易。

信息管理是指在POS上完成一笔交易后，POS还具有自动更新客户和商户在银行的有关信息的功能，以便今后进行查询；同时更新客户的存货资料及相关数据库文件，以供商户进行进、销、存货管理决策。

(3) 服务器及其软件系统。一般情况下，连锁分店应有一个小型服务器及其配套软件作为信息处理的中心，完成信息的集中存储、汇总、初步处理等。以实现对该分店商品销售的实时管理和商品流转的综合管理，并以报告的形式提供管理人员所需的数据资料或提供查询功能。

2. 配送中心信息系统构成。配送中心的信息系统在信息处理过程中，主要负责订货、收货、配送以及采集库存商品信息，作初步处理并向总部传递，接收送货指令并向总部反馈指令执行情况信息等。

(1) 条码及其应用。与销售环节不同，库存管理是配送中心系统的核心。配送中心的大部分商品是整箱运输和出入库的，因此，配送中心的条码与连锁分店的条码有相同的地方，也有其独特之处。

①通用商品条码和店内码。二者的含义与连锁分店一样，但是，此处商品条码也是组成商品包装箱标签与运输标签内容的一部分。

②包装箱标签。即在包装箱上用条码标识注明包装箱内有关商品的合同号、供货商代码和名称、货号、包装数量和其他信息。

③运输标签条码。将商品的补货号、配送目的地、货号、数量、分类等信息存储在运输

标签条码内。在出库和验货过程中，读取信息并转入计算机系统中。

④位置码。在商品存放后将该商品的位置地址存储在条码内，配货时可以在存货处读取。

⑤配送中心条码的扫描设备。由于在商品配送过程中，扫描器与计算机设备连接不太现实，为商品配送环节而设计的条码设备主要有手持式条码输入终端或手持电脑，它具有一体性、机动性、体积小、质量轻等适于手持的特点。目前使用的手持电脑具有自动补充订货、接收订货、入出库管理、库存盘点管理等功能。

（2）EOS（Electronic Ordering System）系统。即电子订货系统。指销售商或分支机构将各种订货信息，使用计算机并通过网络系统传送给批发商或供应商或总公司，使订货、接单、处理、供货指示和结算等全部在计算机中完成的系统。EOS 技术是在 POS 基础上，对商业信息进行合理化分析，然后进行有计划的补货或进货操作。相比传统的纸订单处理方式，EOS 技术既准确及时，又节省了交易成本。

连锁公司 EOS 系统可通过 VAN（增值网络）或专业 VAN 网络来实现。通常情况下，连锁公司实行总部统一订货，订货信息由通信网络传送至供货商的计算机中，而后供货商开出提货传票，同时开出拣货单，实施、完成交货。供货商将送货信息传输给连锁公司总部和配送中心。配送中心收到货物并验收入库后，将实收货物信息同时传输给公司总部和供货商，作为结算货款的依据，连接到供货商的应收账款系统和连锁公司的应付账款系统中去。

（3）配送中心服务器及其软件系统。一般情况下，配送中心也应有一个小型服务器及其配套软件作为信息处理的中心，完成信息的集中存储、汇总、初步处理等。

3. 总部信息系统构成。在信息处理方面，连锁公司总部计算机系统主要负责信息集中存储、信息汇总、分析处理、发出业务指令等。

（1）数据传输系统。连锁公司的数据传输系统的主要功能是实现远程数据交换，同时还是 EDI（Electronic Data Interchange）系统或“无纸贸易”的支撑环境。

作为一个通信系统，连锁公司的数据传输系统包括网络的传输介质与硬件设备、数据传输技术、网络协议、软件等组成部分。这里重点介绍 EDI 系统。

从整体上看，一个 EDI 系统由两个相对独立且配合起来完成上述工作内容的部分组成：EDI 应用系统或电子单证系统；EDI 数据传输系统。

EDI 应用系统的作用，是将从具体的 EDI 用户应用进程中获取的信息转换成标准格式的文件，并进一步将应用进程的资料转换成 EDI 扁平（EDI－FLAT）文件，然后由通信软件提交给 EDI 数据传输系统传输给贸易伙伴；反之，从 EDI 数据传输系统接收扁平文件后，将其转换成接收方应用进程可识别的标准格式文件，从而可由应用进程进行处理。

EDI 数据传输系统的功能是将电子单证系统提交的标准格式文件（最终为 FLAT 文件）迅速、高效、安全、透明地传送到指定的一个或多个接收者处。透明传送是指数据传输系统不对传送的内容进行任何修改，用户不进行任何干预。

（2）总部服务器及其软件系统（见图 6－3）。一般情况下，公司总部应有一个大型或小型的服务器及其配套软件作为整个连锁公司信息处理的中心，借以完成公司总部的业务分工和整个连锁公司的统一管理。

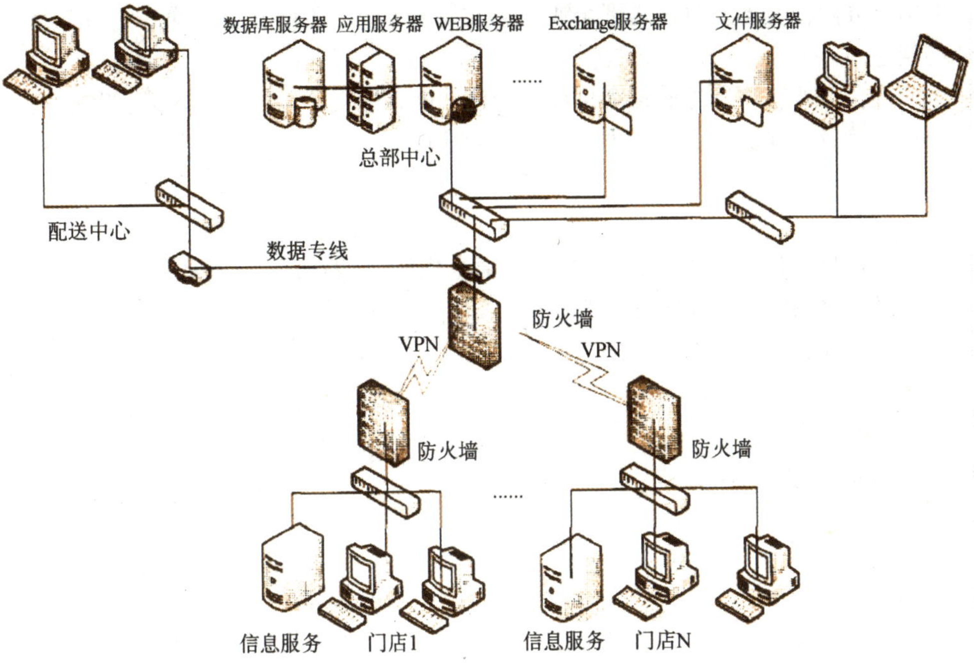

图6－3

（三）系统功能

连锁企业作为具有经济活力的实体，处在复杂的市场竞争环境中，谁能及时获取到适用的信息，谁就能掌握竞争的战机。连锁企业信息系统在企业中的功能可以归纳为如下几个方面。

1. 采集信息。连锁企业信息管理系统应系统地搜集来自企业内部和外部的信息。应确定门店的信息需求，使信息采集具有明确的目的性和针对性。要选择适当的采集渠道和科学的采集方法，既要经常持续地采集信息，也要根据企业重大决策需要，重点地采集某方面信息。

2. 加工信息。系统加工信息包括信息的分类、筛选、整理、计算、判断、分析、编写、鉴别等一系列工作。建立计算机信息系统的企业，可以借助计算机进行信息加工，通过信息加工，使采集到的原始的、无序的、表象的信息变成企业各个层次决策所需要的情报资料。

3. 存储和检索信息。连锁企业信息管理系统应成为企业经营管理所常备、常用的信息资料库，因此必须具备存储和检索信息的功能。存储和检索信息是一个问题的两个方面，存进去是为了检索出来。企业的信息存储有三种情况：第一种是分散的存储，即按照信息资料的来源、时间、形式、用途分门别类，分散存储在有关职能部门，分散检索查询，目前许多企业属于这种类型；第二种是集中的存储，即企业建立统一的信息库或信息中心室，由信息库统一存储和检索信息，具有很好的信息资源共享性；第三种是建立计算机存储检索系统，即利用计算机对原始信息进行排序、分类、汇总、计算、存储、检索。

4. 传输信息。连锁企业信息管理系统在对采集来的信息资料进行加工处理分析后，要把加工的信息分门别类地及时传送到企业内部和外部需要者手中，使不同的使用者及时接收到需要的信息。

综上所述，商业管理信息的自动化加工处理功能，能对连锁企业经营管理和决策过程及时准确地提供信息，以实现企业管理和决策的最佳控制。

四、学习资源

1.《现代商业》2008 年 16 期，王巍栋：信息化建设打造不一样的苏宁。
2. 萧桂森：连锁经营理论与实践。

五、训练

（一）名词解释

1. 条码技术
2. 采集信息
3. 加工信息
4. 检索信息
5. 传输信息

（二）单项选择题

1. 位置码在商品存放后将该商品的位置地址存储在条码内，配货时可以在(　　)读取。

A. 销售部　　B. 存货处
C. 人事处　　D. 服务部

2. 连锁公司总部计算机系统主要负责信息(　　)。

A. 集中存储　　B. 公式计算
C. 放大　　D. 减少

（三）多项选择题

1. 连锁门店信息系统的主要任务是负责信息的(　　)。

A. 采集　　B. 汇总
C. 向总部传递信息　　D. 接收来自总部和配送中心的指令信息

3. 包装箱上用条码标识注明包装箱内有关商品的(　　)。

A. 合同号　　B. 供货商代码
C. 货号　　D. 包装数量

（四）判断题

1. POS（Point of Sales）系统又称为“销售点实时管理系统”。（　）

2. 商业管理信息的自动化加工处理功能，能对连锁企业经营管理和决策过程及时准确地提供信息，以实现企业管理和决策的最佳控制。（　）

（五）简答题

1. 连锁企业信息系统应用经历了哪几个阶段？
2. 谈谈连锁企业信息系统应用的必要性。
3. 连锁企业信息系统的功能有哪些？

（六）分析题

苏宁电器信息化建设

苏宁电器在信息化建设方面持续投入，2005 年入选“2005 年度中国企业信息化500 强”的零售企业。苏宁先后经历了服务系统信息化、销售与财务信息化、E 化即信息化、SAP/ERP 信息化，企业信息化水平逐年提高。

SAP/ERP 系统的主要特点包括适应管理和处理日益庞大的市场数据的要求，建立全面、统一、科学的日常决策分析表查询系统，充分利用丰富数据，深层次加工信息；对客户、供应商、市场、风险、服务等主题项目进行及时、有效、高价值的市场分析，为公司及客户提供高质量的信息，为领导层和业务部门提供有效的决策管理信息支持，提高决策信息的及时性、准确性、全局性、一致性；提高业务效率，优化资金资源配置；通过对业务风险的分析，配合建立整体风险防范机制，有效地预防和控制风险等。该系统的运行可以完善售后服务系统（送货管理、安装管理、维修管理），为客户服务中心提供强有力的基础服务平台；建立技术先进的通信平台、电话语音系统、各地电话互免费用；通过全国范围内视频会议系统，上传下达各种命令、政策；通过视频传输系统实现异地员工统一电视培训，提高沟通、培训、上传下达的能力，增强管理控制力度，节省大量费用。

先进信息系统的实施，已开始体现了苏宁的竞争优势。苏宁有了会员系统，每个苏宁的顾客都拥有一张荣誉卡，卡中记录客户的信息，包括家庭住址、电话等。以前顾客如果购买电器，就要填写送货单，而现在用户刷一下卡，就可以在系统里自动记录顾客的相关信息。这些信息直接传递到后台仓库，由仓库负责送货，可以说基本上实现了无纸化运作。

2005 年苏宁使用这个信息系统节省了 900 多万元。到 2010 年仅买纸这一项苏宁就可节约 1 个亿。而且这个信息系统使上游厂商的仓库变成了苏宁的仓库，苏宁渠道实现扁平化。在节省成本，缩短物流周期的同时，苏宁能够灵活安排货源，无须冒积压货物的风险。并且苏宁的系统已经实现和大部分供应商系统的直连；供应商可以进入苏宁的系统里，随时查看自己产品的销售进度和库存情况，减少业务沟通成本和劳动强度，同时利用苏宁与消费者直接接触得来的市场信息，供应商可以更快地清除库存，生产适销对路的产品，供应链在这种循环当中得到完善，这让苏宁节约了 40% 的成本。

（资料来源：王巍栋：信息化建设打造不一样的苏宁，《现代商业》2008 年第 16 期。）

问题：

1. 苏宁信息系统建设所取得的成果是什么？
2. 信息化管理的重要性有哪些？

任务 3
连锁经营业绩的考核与评价

一、背景

沃尔玛：获得 2009 年翰威特中国最佳雇主

沃尔玛公司在全球人力资源咨询机构翰威特公司发布的“2009 年中国最佳雇主研究”调查结果中，荣获“翰威特 2009 年中国最佳雇主”称号。沃尔玛是唯一当选的零售公司。

此次调研在包括澳大利亚、新西兰、中国内地、中国香港、印度、韩国、马来西亚、新加坡和泰国在内的九个市场展开。在中国市场的调研中，来自大约 200 家企业的 38 000 多名雇员对员工意见调查做出了回复，代表了约 50 000 名雇员的观点和意见。

翰威特公司的研究结果显示，在企业员工敬业度方面，沃尔玛中国约 75% 的员工“完全敬业”，该得分比中国区平均敬业度的 49%，高出 26 个百分点。研究结果还表明，沃尔玛在“领导层的高度承诺”、“严格的制度执行”、“管理层的持续培养和充分授权”以及“高效的人力资源部门”等方面均表现优异。

翰威特公司大中华区总裁李涤非女士表示：“文化对企业绩效的影响可能超过很多人的想象。本次研究结果指出，最佳雇主比其他公司的熵值更低，这说明最佳雇主的员工在没有产出的工作上投入的时间和精力更少，从而带给公司的产出更多。最终，能使员工与公司获得双赢。”

二、学习目标

1. 了解连锁经营业绩考核与评价的指标体系。
2. 掌握连锁经营业绩考评的主要内容和基本程序。

三、基础知识

一般连锁企业经营绩效的评价体系主要由顾客满意度、供应商满意度、过程评价、财务评价等方面构成。

（一）顾客满意度

顾客满意是顾客在消费了相应的产品之后感到满足的一种心理体验，顾客满意度指标是对满意程度进行界定的指数，这里的顾客包括外部顾客和内部员工。

1. 外部顾客满意度。外部顾客满意度可以从顾客对门店的商品、服务和信誉三个方面进行评价。外部顾客满意的形成受到企业和顾客两个方面的影响，具体见表 6－2。

表 6－2　外部顾客满意度评价表

外部顾客满意度指标	简　介
商品	主要是指商品的质量、价格和品种等方面
服务	主要是指接待服务、售后服务、环境设施和投诉处理等方面
信誉	企业的公共形象

2. 内部员工满意度。内部员工满意度反映了企业的士气、向心力和团队精神，是提升外部顾客满意度的动力源，具体见表 6－3。

表 6－3　内部员工满意度评价表

内部顾客满意度指标	简　介
生存	主要指薪资待遇、医疗保健、工作时间、福利保障和工作环境等方面
安全	主要指就业保障、退休养老保障、健康保障、意外保险和劳动保护等方面
社交	上下级沟通、团体活动、娱乐项目、教育培训和同事关系等方面
尊重	薪水等级、晋升机会、奖励、参与感、企业形象认同感、自豪感等方面
自我实现	参与决策、工作挑战性和发挥个人特长等方面

（二）供应商满意度

供应商满意度可以通过供应商满意指数来反映供应商对各连锁企业在费用、信用、流程管理、营销等各方面的综合评价。

1. 费用指数是供应商对于连锁企业进场费、管理费、陈列费、促销费、节庆费、DM 费等诸多费用的综合评价。

2. 信用指数是供应商对于连锁企业的合同履行情况、费用结算情况以及双方合作过程中其他一些涉及信用问题的总体评价。

3. 流程管理指数是供应商对连锁企业的库存、配送和补货、市场信息的反馈、人员素质以及相互之间的沟通等方面的评价。

4. 营销指数是供应商对连锁企业促销活动的创意及效果、出样、货架布置以及购物环境等方面的评价。被公认为供应商最为满意的连锁单店的共同特点是：管理规范、信誉度高、单店销售量大、营销出色、人员素质高、服务好。

（三）过程评价

总部应每季度或每半年对门店进行检查。由于这种内部检查带有规律性，门店容易准备，故检查结果的真实性较低，连锁企业聘请神秘顾客对门店的环境、服务、商品质量进行检查，检查的结果较为真实。

神秘顾客，是指企业聘请顾客以顾客的身份、立场和态度来体验卖场的服务，从中发现卖场经营中存在的问题。

1. 神秘顾客的类型。第一种为“普通型神秘顾客”，是指普通访问人员经过相关知识的系统培训以后长期进行连锁企业服务检测，这是最为常见的一种形式；第二种为“专家型神秘顾客"，由本行业的专业研究人员或内行专家以普通顾客的身份在服务窗口消费或享受服务，进行直接观测和体验；第三种为"业余型神秘顾客"，没有任何行业研究经验的普通顾客在服务窗口按照事先设计的内容进行消费或享受服务，详细记录下发生的事件及自己的感受。还有一种就是由访问员在现场服务人员毫不知情的情况下，随机抽取那些正在消费、服务的顾客，对其进行即时调查监测；

2. 神秘顾客评价的标准。神秘顾客通过购买与退换某件商品的亲身感受，评价接待人员的接待服务、业务技能等。根据连锁门店的销售和服务特征，制定服务的评价标准（见表6－4）。

表6－4　评价标准表

满意程度	评分	评价标准	
		接待服务	业务技能
很满意	5	形象得体，积极推销，令顾客有宾至如归之感；使顾客对产品有新的了解，从而产生购买欲望，可能会向亲朋好友称赞门店或该服务员	熟练掌握商品知识，推销积极主动，掌握顾客心理，善于和顾客沟通，在推销中善于应用各种技巧并能坚持客观、公正
满意	4	形象得体，态度积极又不过火，令顾客感觉舒服，对门店留下好印象	对商品知识有足够了解，在推销中掌握主动，能引导顾客购买
一般	3	只机械服务，令顾客没有什么好或差的感觉，对门店没有留下什么印象	商品知识了解不多，或未掌握顾客心理
不满意	2	服务较差，态度不积极，开小差，形象一般，顾客产生反感	商品知识一知半解，无推介服务
很不满意	1	服务态度恶劣，给顾客留下极差印象	不了解商品，消极或强硬推销，引起顾客反感

（四）财务评价

从财务的角度反映门店的经营业绩，目前常用关键绩效指标（KPI）进行评价。

关键绩效指标主要包括：（1）地效和劳效，其中地效是指销售总额/营业面积，劳效是指销售额/正式员工人数；（2）客单价，即销售额/交易次数；（3）收银效率，即日均销售额/收银机台数、日均交易次数/收银机台数；（4）周转率，即平均销售额/平均库存额；（5）毛利率，即综合毛利率；（6）销售利润率，即利润总额/销售额；（7）费用率，即费用总额/销售额；（8）商品损耗率，即损耗/销售额；（9）每平方米单品数，即单品总数/营业面积；（10）自有品牌占比，即自有品牌单品数/商品总数；（11）统一配送商品占比，即统一配送单品数/商品总数。

另外还有正式工占比（即正式工人数/员工总数）和员工配置（即营业面积/正式工人数）等评价指标。

四、学习资源

1. 萧桂森：连锁经营理论与实践。
2. 杨顺勇：《连锁经营管理》，复旦大学出版社 2008 年版。

五、训练

（一）名词解释

1. 顾客满意度
2. 费用率
3. 销售利润率
4. 毛利率
5. 商品损耗率

（二）单项选择题

1. 供应商满意指数主要包括(　　)。
   A. 劳动指数　　B. 利润指数
   C. 价格指数　　D. 营销指数
2. 连锁企业经营绩效的评价体系主要由(　　)等方面构成。
   A. 顾客满意度　　B. 价格满意度
   C. 运输满意度　　D. 环境满意度

（三）多项选择题

1. 外部顾客满意度可以从顾客对门店的(　　)方面进行评价。
   A. 商品　　B. 服务
   C. 信誉　　D. 价格
2. 连锁企业经营绩效的评价体系主要由(　　)方面构成。
   A. 顾客满意度　　B. 供应商满意度
   C. 职工满意度　　D. 领导满意度

（四）判断题

1. 信用指数是供应商对于连锁企业的合同履行情况、费用结算情况以及双方合作过程中其他一些涉及信用问题的总体评价。（　　）

2. 费用指数是供应商对于连锁企业进场费、管理费、陈列费、促销费、节庆费、DM 费等诸多费用的综合评价。（　　）

（五）简答题

1. 供应商满意度包括哪些指标？
2. 财务评价都包括哪些指标内容？

（六）分析题

肯德基的神秘顾客

上海肯德基有限公司收到了3份总公司寄来的鉴定书，对其下属的外滩快餐厅的工作质量进行了3次鉴定评分。

原来，肯德基国际公司雇用、培训了一批人，让他们佯装顾客潜入店内进行检查评分。每个顾客都可能是公司的“探子”，这使得快餐厅经理、雇员时时感到某种压力，丝毫不敢疏忽。肯德基国际公司就是这样控制它分布全球60多个国家多达9 900余个子公司的。

资料来源：单凤儒：《管理学基础》，高等教育出版社2006年版。

问题：

1. 这三个评分是如何评定的？

（提示：主要包括店员仪表举止、商品介绍、待客用语、商品陈列和清洁程度5个方面，见表6－5）

2. 具体描述店员仪表举止、服务态度、商品介绍、商品陈列和清洁程度的内容是什么？

表6－5　“神秘顾客”评价表

项　目	表现描述	得　分
仪表举止		
商品介绍		
待客用语		
商品陈列		
清洁程度		
合　计		